Senhores de poucos escravos

FUNDAÇÃO EDITORA DA UNESP

Presidente do Conselho Curador
Herman Jacobus Cornelis Voorwald

Diretor-Presidente
José Castilho Marques Neto

Editor-Executivo
Jézio Hernani Bomfim Gutierre

Conselho Editorial Acadêmico
Alberto Tsuyoshi Ikeda
Áureo Busetto
Célia Aparecida Ferreira Tolentino
Eda Maria Góes
Elisabete Maniglia
Elisabeth Criscuolo Urbinati
Ildeberto Muniz de Almeida
Maria de Lourdes Ortiz Gandini Baldan
Nilson Ghirardello
Vicente Pleitez

Editores-Assistentes
Anderson Nobara
Fabiana Mioto
Jorge Pereira Filho

RICARDO ALEXANDRE FERREIRA

Senhores de poucos escravos
Cativeiro e criminalidade num ambiente rural
1830-1888

© 2005 Editora Unesp

Direitos de publicação reservados à:

Fundação Editora da Unesp (FEU)
Praça da Sé, 108
01001-900 – São Paulo – SP
Tel.: (0xx11) 3242-7171
Fax: (0xx11) 3242-7172
www.editoraunesp.com.br
www.livrariaunesp.com.br
feu@editora.unesp.br

CIP – Brasil. Catalogação na fonte
Sindicato Nacional dos Editores de Livros, RJ

F443b

Ferreira, Ricardo Alexandre

Senhores de poucos escravos: cativeiro e criminalidade num ambiente rural, 1830-1888 / Ricardo Alexandre Ferreira. – São Paulo: Editora Unesp, 2005: il.

Inclui bibliografia
ISBN 85-7139-638-8

1. Escravidão – Franca (SP). 2. Escravos – Criminalidade – Franca (SP). 3. Criminalidade – Franca (SP) – História. 4. Franca (SP) – Condições rurais. I. Título.

05-3689

CDD 981.612
CDU 94(815.62)

Este livro é publicado pelo *Programa de Publicação de Melhores Teses ou Dissertações na Área de Humanas* – Pró-Reitoria de Pós-Graduação da Unesp (PROPG) / Fundação Editora da Unesp (FEU)

Editora afiliada:

Asociación de Editoriales Universitarias de América Latina y el Caribe

Associação Brasileira de Editoras Universitárias

SUMÁRIO

Prefácio   7

Agradecimentos   11

Introdução   15

1. Criminalidade e cotidiano entre senhores e escravos   31

2. Senhores — autoridades — escravos:
   o cotidiano vigiado e conceituado   73

3. Os conflitos no cotidiano — longe dos senhores   117

Considerações finais   153

Fontes   157

Referências bibliográficas   163

PREFÁCIO

O estudo *Senhores de poucos escravos: cativeiro e criminalidade num ambiente rural, 1830-1888*, de Ricardo Alexandre Ferreira, insere-se na nova historiografia brasileira da escravidão que presta particular atenção a regiões econômicas dominadas pela agricultura de subsistência e por mercados locais. Esses espaços têm sido descritos como zonas de retaguarda, de abastecimento, rotas de passagem, que ocuparam vastas áreas geográficas e existiram sempre, dizem os antigos estudos, à sombra de um centro de exportação. A historiografia mais recente atribui a essas regiões autonomias bem maiores. Caracterizadas pela presença de escravistas com poucos escravos, descobriram-se nelas dinâmicas econômicas que não eram meros reflexos das culturas de exportação, bem como comportamentos demográficos e sociais da população cativa e livre alheios à clássica *plantation* escravista. Este livro incursiona por esse campo recente de pesquisas, agregando à discussão materiais e argumentos novos.

A preocupação central de recuperar o cotidiano escravo e a criminalidade vigente na sociedade parte das hipóteses que a historiografia atual lança a esse respeito. Uma das novidades da pesquisa está nas conclusões a que chega quando a análise das relações sociais entre escravos e senhores é inserida num universo que leva em conta a presença de amplas camadas intermediárias de população livre e pobre em convivência com os grupos anteriores. Como explicar que quase todos os delitos cometidos por escravos tenham sido crimes contra a pessoa (e não contra a propriedade); que seus alvos fossem em geral pessoas livres (mas não seus senhores); que os processos não registrem vestígios de uma cultura ancestral africana; e que o padrão geral de seus crimes não se diferencie notoriamente mas, pelo contrário, se assemelhe ao verificado entre a população livre e pobre?

Evidências como essas ajudam a modificar interpretações cristalizadas. Uma delas, sem dúvida, fica questionada: os atos de violência dos escravos não parecem ser mecanismos de resistência ou insubordinação ao sistema de dominação que os oprime; pelo menos não no ambiente rural estudado. Outra: se as camadas livres pobres procediam em suas contestações e revoltas de modo similar aos escravos, é legítimo pensar que existia um universo ideológico próprio do escravo, ou mais, interesses de classe, dada sua condição subalterna, perfeitamente diferenciáveis? A trama e o elo que ligavam o escravo ao senhor e ao mundo livre afiguram-se mais complexos que seu simples enquadramento em dicotomias consagradas, e o livro mostra sensibilidade aos matizes. Como conciliar estes comportamentos com outros, em direção oposta, apresentados por outros estudos e referidos a outros contextos? Uma hipótese plausível relacionar-se-ia com o perfil da localidade selecionada para estudo: uma sociedade escravista com proprietários de poucos escravos, na qual as tensões e a convivência passavam por soluções mais diretas, e a rigidez do sistema cedia mais espaço à negociação. Pesquisas em outras localidades não exportadoras poderão precisar melhor se os comportamentos anteriores foram comuns nesse setor da economia escravista.

Muitos dos méritos do livro decorrem dos recortes metodológicos seguidos. Primeiro, a escolha de uma pequena localidade para exame aprofundado – Franca, no interior de São Paulo – revela os melhores frutos da chamada história regional: não apenas ilumina eventos locais, mas o estudo serve de base para reflexões amplas e

SENHORES DE POUCOS ESCRAVOS **9**

válidas para o sistema escravista como um todo e, em particular, para a parcela da economia escravista que gravitava em torno da subsistência e dos mercados locais. Segundo, a escolha da criminalidade escrava como eixo condutor para se adentrar no cotidiano escravo mostrou-se não apenas fecunda, mas sobretudo surpreendente, haja vista os padrões explicativos encontrados.

O arsenal empírico que fundamenta as discussões é constituído de fontes primárias manuscritas de difícil manejo: os processos criminais, analisados no texto com desenvoltura. Foram mais de mil processos indexados, dos quais mais de uma centena (todos os que envolviam escravos) examinados em pormenores. O estudo de Ricardo Alexandre Ferreira mostra não apenas um historiador estreante exibindo seu primeiro trabalho de fôlego, mas um profissional com pleno domínio de seu ofício, que articula com originalidade evidências fragmentárias, confronta argumentos e sabe desembocar em resultados inovadores. São interpretações que se posicionam perante os principais debates da escravidão brasileira, dialogam com as vicissitudes políticas do Império e recompõem as atitudes escravas diante da ordem jurídica excludente do século XIX.

Horacio Gutiérrez
Universidade de São Paulo

AGRADECIMENTOS

Quando, em meados de fevereiro de 2003, escrevi pela primeira vez algumas linhas de reconhecimento às pessoas que, das mais variadas maneiras, me ajudaram na produção da versão inicial deste trabalho, defendido como dissertação de mestrado, disse que "realizar uma pesquisa significa conhecer pessoas". Agora, dois anos mais tarde, surge a oportunidade de reafirmar esta assertiva e estender minha gratidão a outras pessoas que possibilitaram a publicação do presente livro.

Desde o embrião do trabalho, concebido ainda na iniciação científica, pude contar, respectivamente, com dois orientadores que de maneira muito particular me auxiliaram na escolha de caminhos que, a todo momento, insiste em confundir os passos do iniciante e dificilmente abandona o pesquisador já experimentado.

Nos meses iniciais do curso de graduação em história, a professora Alzira Lobo de Arruda Campos me ensinou que uma *base empírica*, um adequado domínio da *bibliografia* no exercício incontornável da construção de um *problema de pesquisa* eram três partes interdependentes, sem as quais um projeto jamais se concretizaria. Nunca me esquecerei do dia em que, ainda no primeiro ano da graduação, entrei em sua sala, munido de uma relação de documentos cartoriais e alguns fichamentos de livros, para minha primeira reunião de orientação. Ao sair, fiz a pergunta que quase sempre incomoda os orientadores: "Que bibliografia devo ler?" E ela me respondeu: "Toda. Nos idiomas em que você conseguir, é claro". Levei a sério esta indicação e passei os quatro anos da graduação atormentando meus colegas e professores com a historiografia da escravidão, seus debates e polêmicas.

Foi justamente no quarto ano que fui apresentado a alguém que participou do debate historiográfico e conheceu de perto os principais representantes nacionais e internacionais dessa bibliografia. O professor Horacio Gutiérrez alertou-me para a necessidade de evitar uma excessiva parcialidade na leitura da conhecida polêmica desencadeada com a avultada publicação de estudos no centenário da abolição, e, em vez disso, tentar explorar aspectos relevantes deixados em segundo plano. Sob sua orientação, no mestrado, além de me interessar pelo cotidiano do cativeiro construído por senhores e seus poucos escravos num ambiente rural, procurei trilhar um caminho pela polarização interpretativa que tomou conta da historiografia da escravidão no Brasil durante as últimas décadas.

Nesses anos de pesquisa frequentei diversas instituições. *A biblioteca de casa* — a do campus de Franca da Unesp, *a mais completa em obras jurídicas raras* —, a da Faculdade de Direito da USP, *a inesquecível* —, as salas de obras raras e manuscritos da Biblioteca Nacional do Rio de Janeiro. No Arquivo Nacional estive à procura, sem êxito, de um processo entre milhares de fichas, no do Judiciário Paulista também nenhum vestígio, no Arquivo do Estado de São Paulo consultei centenas de ofícios. Em todas estas instituições devo agradecimentos a inúmeras pessoas, as quais, infelizmente, não conseguirei nomear.

Um nome, contudo, não posso deixar de mencionar, o do professor José Chiachiri Filho. Primeiro "o chefe", do período em que fui estagiário do Arquivo Histórico Municipal de Franca, em 1998, e do qual ele foi diretor entre 1997 e 2004. Até hoje o amigo com o melhor senso de humor que já conheci, e com quem contraí uma dívida de gratidão "impagável".

SENHORES DE POUCOS ESCRAVOS **13**

Gostaria ainda de lembrar aqui os professores que leram as primeiras etapas e versões do texto. As professoras Marisa Saenz Leme e Maria Aparecida de Souza Lopes compuseram a banca de qualificação. A professora Marisa, que ministrou a disciplina Brasil Império no segundo ano do curso de graduação, foi uma das principais vítimas de minha excessiva empolgação nos primeiros anos da pesquisa; sua arguição me ajudou a perceber os caminhos que a pesquisa tomara desde então. Conheci a professora Maria Aparecida no primeiro ano do mestrado e logo soube de seu interesse pelos estudos a respeito do tema da criminalidade na América Latina. Foi por meio dela que conheci uma parte da historiografia que diz respeito ao tema da pesquisa, mas que não toca diretamente o problema da escravidão.

Membros da banca de defesa da dissertação, a professora Ida Lewkowicz e o professor Manolo Florentino apontaram potencialidades e sugeriram alguns aprimoramentos do texto que pude incorporar à versão agora editada. Entretanto, muitas de suas observações integrarão, na medida do possível, a continuidade do estudo no doutorado. Especialmente a Ida gostaria de agradecer a sugestão do título: *Senhores de poucos escravos*.

Desejo registrar e agradecer, ainda, o empenho da professora Márcia Regina Capelari Naxara, atual coordenadora do Programa de Pós-graduação em História da Unesp – campus de Franca, para que o projeto de publicação da dissertação fosse concluído.

A alguns amigos e colegas também gostaria de agradecer. Regina Célia Caleiro e Dimas José Batista contribuíram generosamente nos momentos iniciais da pesquisa — do susto natural na abertura do primeiro documento oitocentista, com sua caligrafia peculiar, até a redação da versão inicial do projeto de iniciação científica. No mestrado partilhei com Jonas Rafael dos Santos, Maria da Conceição Silva e Telmo Renato de Araújo cursos, orientações e várias conversas. Em especial, gostaria de agradecer a Samuel Fernando de Souza e Maria Renata da Cruz Duran, com quem convivi durante alguns anos.

Dois novos amigos não podem aqui ficar sem meu agradecimento, seus nomes eram apenas endereços de correio eletrônico, mas sua amizade foi fundamental na concretização desse trabalho. Com Adriana Pereira Campos pude debater detalhes da pesquisa nos momentos decisivos em que ela concluía sua tese e eu minha dissertação. Ernesto Bohoslavsky, o argentino mais generoso que já conheci, traduziu para o castelhano uma versão bastante modificada do primeiro capítulo da dissertação para ser publicada em uma coletânea de textos a respeito do tema da criminalidade na América Latina. Deixei a casa de meus pais apenas para cursar a universidade. No entanto, em vez de me afastar de minha família, conheci duas novas. De meu pai, Devair Messias Ferreira, e de minha mãe, Hélida Maria dos Santos Ferreira, tive a sensação de me aproximar mais à medida que a distância aumentou. Ambos ofereceram todo o apoio nos momentos mais difíceis de minha já não tão curta jornada. Dulce Maria Anhezini e Lucas Anhezini de Araujo acabaram por me oferecer sua própria família, e a eles serei sempre grato.

É importante ressaltar que a FAPESP — Fundação de Amparo à Pesquisa do Estado de São Paulo — ofereceu as condições materiais necessárias para o desenvolvimento da pesquisa em todas as suas fases. Na iniciação científica e no mestrado — com exceção dos primeiros três meses, quando o trabalho foi fomentado pelo CNPq —, a fundação custeou a pesquisa por meio da concessão de bolsas de pesquisa. Aos pareceristas, naturalmente anônimos, também agradeço.

Karina Anhezini me acompanhou em cada um dos momentos aqui citados, leu todos os textos em todas as versões que escrevi. Estou seguro em afirmar que a maior parte desses momentos não teria ocorrido, ou tomaria rumos distintos, sem seu desprendimento, sua organização e seu carinho. A ela este livro é dedicado.

Franca (SP), 17 de maio de 2005

Introdução

Enfocada sob diversificadas perspectivas, ao longo dos anos a análise da história da escravidão africana nas Américas foi principalmente desenvolvida no Brasil, no Caribe e nos Estados Unidos. Os autores, de acordo com seus referenciais teóricos e metodológicos, bem como com os contemporâneos contextos históricos, estimularam a discussão de pontos fundamentais — demografia e famílias escravas, economia da escravidão, revoltas cativas e quilombos, raça, nação, abolição e transição para o trabalho livre — para o entendimento do cativeiro em suas distintas formas de ocorrência.

Levando-se em conta esta produção, a interpretação da criminalidade ativa e passiva envolvendo os escravos que viveram no município de Franca, na vigência do Código Criminal do Império do Brasil, constitui-se no objetivo central deste trabalho, pois permite avançar no conhecimento das estratégias de sobrevivência e práticas dos cativos no cotidiano de uma região rural, onde predominaram os proprietários de pequenas posses[1].

---

1 Embora não seja consensual entre os especialistas que se dedicaram ao estudo da demografia escrava no Brasil, adotam-se neste trabalho, como referencial para o estabelecimento das distinções entre os níveis da posse de escravos, os seguintes parâmetros: pequenas posses: menos de dez escravos; médias posses: dez a 49

16 RICARDO ALEXANDRE FERREIRA

Abrangendo de forma privilegiada a temática das revoltas escravas, embora não exclusivamente, os estudos referentes à criminalidade[2] escrava também apresentaram variações com relação aos enfoques utilizados pelos diversos autores em seus trabalhos. Ao empreender o exame de autos criminais e ofícios diversos de zonas escravistas tidas como as mais expressivas da província de São Paulo (Vale do Paraíba e Centro-Oeste), Suely Robles Reis de Queiroz analisou a *escravidão negra em São Paulo*, contribuindo — como outros estudiosos que a antecederam[3] — para a desmistificação da ideia de uma relação idílica entre senhores e escravos no Brasil.[4] De acordo com a autora, a violência existiu de parte a parte, pois não foram os cativos complacentes com sua situação. Destacou ainda a necessidade de avaliação das condições do rigoroso cativeiro praticado no eito das *plantations* paulistas que impossibilitavam a generalização da relação dos senhores com seus escravos domésticos para todos os cativos que viveram no Brasil (Queiroz, 1977).

Nas décadas seguintes — sobretudo por ocasião do centenário da abolição no país[5] —, um conjunto de historiadores inspirados nos

---

escravos; grandes posses: acima de cinquenta escravos. Esta conceituação é utilizada em Slenes, 1999.

2 Neste estudo tomam-se como referenciais ao entendimento e à distinção dos conceitos de crime e criminalidade as definições apontadas por Boris Fausto (1984, p.9): "As duas expressões têm sentido específico: 'criminalidade' se refere ao fenômeno social na sua dimensão mais ampla, permitindo o estabelecimento de padrões através da constatação de regularidades e cortes; 'crime' diz respeito ao fenômeno em sua singularidade cuja riqueza em certos casos não se encerra em si mesma, como caso individual, mas abre caminho para muitas percepções".

3 Destacam-se Ianni, 1962; Cardoso, 1977; e Costa, 1998a.

4 Estes estudiosos imputaram o revigoramento e a difusão desta ideia sobretudo a Freyre, 2001.

5 Nesta ocasião, vários autores se dedicaram ao estudo das mais diferentes manifestações da resistência e das revoltas de escravos em distintas regiões do Brasil. Um painel desta produção consta em dois números especiais da revista *Estudos Econômicos*, organizados por Horacio Gutiérrez. São eles volume 17, 1987, e volume 18, 1988. A esta produção juntaram-se outras obras e autores, dos quais é possível destacar Mattoso, 1982; Reis, 1986; Azevedo, 1987; Machado, 1987, 1994; Lara, 1988; Schwartz, 1988; Challoub, 1990; Mattos, 1998; Florentino &

SENHORES DE POUCOS ESCRAVOS **17**

desdobramentos da historiografia internacional, principalmente nas análises empreendidas por Edward P. Thompson em relação ao século XVIII inglês (1987a, 1987b, 1998), cujas possibilidades de aproveitamento para o estudo da relação entre senhores e escravos foram apontadas, entre outros, pela obra *Roll Jordan Roll,*[6] de Eugene Genovese, redimensionaram as possibilidades de análise do cativeiro no Brasil, admitindo outras formas — para além da violência física cotidiana — utilizadas tanto na exploração dos cativos como na resistência destes aos senhores[7].

Assim, sob a constituição de uma inovadora proposta teórico-metodológica aplicada a um conjunto diversificado de fontes, desenvolveu-se o diálogo com os trabalhos precedentes, e novas conclusões foram obtidas.

Segundo João José Reis, os senhores não exerciam "seu poder apenas na ponta do chicote, mas também através do convencimento de que o mundo da escravidão oferecia ao escravo — e a uns mais que a outros — segurança e mesmo um certo espaço de barganha" (1986, p.175). Porém, o cativo que aparentava comportamentos acomodados e até submissos em um dia podia tornar-se o rebelde do momento seguinte, permanecendo numa zona de indefinição de acordo com as circunstâncias de suas vivências cotidianas. Em meio à tensão da sociedade escravista, *negociação e conflito* configurariam-se como os limites entre os quais senhores e escravos se relacionavam (Reis & Silva, 1989).

Góes, 1997; Wissenbach, 1998 e Slenes, 1999. Em nenhum momento tem-se aqui a intenção de sugerir que estes autores representem um grupo absolutamente homogêneo. Pelo contrário, entende-se que as obras mencionadas apresentam pontos importantes de divergência, os quais, como seria de esperar, são estimuladores da produção de novos trabalhos que buscam desvendar e recompor as variadas nuances verificadas nas grandes dimensões temporais e espaciais em que existiu o cativeiro no Brasil.

6 Obra que teve sua primeira parte traduzida no Brasil em Genovese, 1988.

7 Uma abordagem específica às contribuições dos trabalhos de E. P. Thompson para a historiografia que trata da escravidão africana no Brasil encontra-se em Lara, 1995.

18 RICARDO ALEXANDRE FERREIRA

Lançando mão da análise dos autos criminais de Campos dos Goitacases produzidos entre 1750-1808, Silvia Hunold Lara optou por dialogar com a historiografia que lhe antecedeu a partir da análise do cotidiano dos cativos que ali viveram e manifestaram-se por meio de comportamentos tidos como transgressores. Tal como Queiroz — que apontou generalizações nos estudos partidários do predomínio de uma escravidão benigna e paternal no Brasil —, Lara verificou que o posicionamento desta autora e de outros estudiosos que evidenciaram o recurso dos senhores à violência física e às punições corporais como formas básicas de controle da massa escrava também muitas vezes apresentou a mesma problemática: "A maior parte dos estudos participantes do debate, nos anos 1960, fundava suas análises em referências empíricas relativas ao século XIX e suas conclusões chegaram a ser muitas vezes generalizadas para todo o período em que vigorou a escravidão no Brasil" (Lara, 1995, p.102).

Maria Helena Machado utilizou processos criminais das cidades de Campinas e Taubaté referentes ao período de 1830 a 1888 para analisar a vida dos escravos na óptica da resistência. Machado avalia como de resistência o uso de estratégias de sobrevivência dos cativos nas lavouras paulistas. Segundo a autora, uma destas estratégias pode ser detectada nas justificativas relativas a furtos, apontadas pelos próprios cativos: "Gêneros alimentícios contra dinheiro, sobrevivência *versus* acumulação, assim cantavam os escravos, justificando seus furtos como estratégias de apropriação de uma parcela da produção realizada".[8]

Estes historiadores, entre outros, tais como Sidney Chalhoub — que em *Visões da liberdade* (1990) contesta a posição de Fernando Henrique Cardoso e de outros autores com referência à ideia de *coisificação do escravo* —, se empenharam em reconstruir as atitudes dos escravos que evidenciavam também sua autonomia, muitas

---

8 Machado, 1987, p.104. Mais tarde, a autora continuaria suas investigações a respeito da escravidão com especial enfoque na relevância da participação cativa nos movimentos sociais que culminaram no processo de extinção do cativeiro no Brasil em *O plano e o pânico*: os movimentos sociais na década da abolição, 1994.

SENHORES DE POUCOS ESCRAVOS **19**

vezes posicionando-se e impondo condições ao destino que lhes era reservado em meio a toda a crueldade existente na escravidão.[9]

No entanto, estudiosos desta nova geração de pesquisadores foram criticados por Jacob Gorender sob a acusação de *reabilitarem a escravidão*, ou seja, revigorarem estudos que — segundo o autor — tiveram por objetivo exaltar o aspecto doce e ameno da escravidão africana no Brasil.[10]

Marcada pela presença de importantes polêmicas, a historiografia dedicada ao estudo da história social da escravidão brasileira ampliou-se, permitindo o desenvolvimento de um quadro cada vez mais matizado, embora sempre provisório, do cotidiano dos cativos que viveram no país. Conceitos como os de violência, resistência e negociação receberam significações enriquecedoras, viabilizando a produção de uma gama importante de trabalhos a respeito da criminalidade cativa ocorrida em diversas regiões do Brasil.

Os trabalhos relativos à província de São Paulo contribuíram para o conhecimento de disparidades regionais, entretanto, com exceção da já citada obra de Machado, convergiram na opção pelos recortes temporais situados na segunda metade do século XIX, quando as tensões em torno do final da instituição escravista afetaram, em maior ou menor grau, todo o país.

Em *Sonhos africanos, vivências ladinas*, Maria Cristina Cortez Wissenbach empenhou-se em reconstituir as vidas de forros e escravos da cidade de São Paulo entre 1850 e 1888. De acordo com a autora, o município de São Paulo, onde coexistiam em maior ou menor intensidade elementos da escravidão urbana e rural, apresentava-se ocupado por senhores de poucos escravos em uma zona produtivamente pobre. Dispensando ritmos intensos de trabalho, bem

---

9 A noção de autonomia verificada pelos então novos estudos — em consonância com a historiografia norte-americana — foi especificamente explorada em Machado, 1988.

10 Gorender, 1990. Tanto Queiroz (1998) quanto Maestri (1993), entre outros, são partidários — com pequenas ressalvas no caso de Queiroz — das opiniões de Jacob Gorender a respeito da historiografia das décadas de 1980 e 1990.

como um controle direto e constante da mão de obra cativa, a conformação do regime da escravidão no município e em suas cercanias rurais favorecia uma mobilidade significativa aos cativos, a qual se apresentava como resultado de uma relação afrouxada pela pobreza. Wissenbach (1998) valoriza ainda outras informações contidas nos processos criminais, tais como: referências estranhamente precisas às noções de tempo e importância dos lugares (ruas, pontes, chafarizes, entre outros) — cenários urbanos de alguns dos crimes estudados — e à importância, como perspectiva de alcance a outras esferas sociais, concedida às vestimentas e joias, na maioria das vezes furtados pelos escravos nesses lugares e horas.

Cesar Múcio Silva estudou a criminalidade escrava em Botucatu na segunda metade do século XIX. Ao analisar os processos-crime o autor verificou um grande número de escravos cujos comportamentos denotavam desleixo e pouca preocupação com regras e ordens. A cidade apresentava dimensões econômicas e políticas modestas, com uma economia voltada principalmente para o próprio consumo, dotada provavelmente, segundo o autor, de um teto de vigilância menos intenso e com critérios de punição mais condescendentes, na qual se verificou um conjunto de características identificadas como "escravidão de quintal" (Silva, 1996).

Com o intuito de compreender as *formas de ações e resistência dos escravos na região de Itu* no período de 1850-1888, Claudete de Souza (1998) analisou a criminalidade escrava presente nos processos-crime e nas notícias de jornais de uma região que até meados do século XIX fundamentava-se na produção açucareira (posteriormente substituída pelo algodão). Neste contexto, verificou um número significativo de escravos que, além de cometer crimes, sobretudo contra seus senhores e feitores, expressavam nos laços de solidariedade, nas fugas e organizações de quilombos sua revolta contra o sistema escravista.

O período final de vigência do cativeiro (1870-1888) também foi privilegiado por Luciana de Lourdes dos Santos, para a análise das interligações entre a criminalidade e as tentativas de alcance da liberdade empreendidas pelos escravos em Rio Claro. Analisando a

SENHORES DE POUCOS ESCRAVOS   21

escravidão de um importante município cafeeiro do oeste paulista, dotado de grande escravaria, Santos interpretou os atos violentos dos escravos como respostas às péssimas condições de vida, incessantes e conscientes atos de conquista da liberdade (Santos, 2000).

Assim, tendo em conta as posições acima definidas e o conjunto da historiografia a respeito da escravidão, este livro procurou trazer reflexões semelhantes à região compreendida pelo município de Franca entre 1830 e 1888, visando analisar as relações sociais dos escravos no século XIX em uma região da província de São Paulo diferente daquelas cuja produção era destinada ao mercado externo, buscando desvendar as complexidades e contradições do cotidiano cativo, verificadas num ambiente preponderantemente rural, dotado de senhores que possuíam poucos escravos.

O pressuposto teórico adotado foi o de que o cativo participou como protagonista potencialmente ativo das relações de violência típicas das sociedades escravistas, extrapolando os limites do contato diário restrito a senhores, feitores e aos familiares destes, numa região predominantemente rural.

As balizas temporais da pesquisa (1830-1888) situam-se na vigência do Código Criminal do Império do Brasil[11] — em razão de suas especificidades, sobretudo no que diz respeito à intensificação da relação senhores, justiça e escravos —, durante o período de existência legal do cativeiro no país. Ademais, diferentemente de outros trabalhos que privilegiaram a fase posterior ao final do tráfico internacional de escravos como período delimitado para o estudo da criminalidade cativa no século XIX, adotou-se como uma das hipóteses averiguadas no trabalho que o ano de 1850 não alterou os padrões de criminalidade envolvendo escravos como réus ou vítimas no município de Franca, uma vez que esta região não se inseriu

---

11 Desde a Constituição de 1824 foi declarada urgente a organização de uma nova legislação criminal que substituísse as Ordenações Filipinas (Livro V), atendendo "os movimentos liberais, as novas doutrinas penais associadas às modificações sociais do tempo". No entanto, o Código Criminal do Império do Brasil só entrou em vigor a partir de 16 de dezembro de 1830 (Pierangelli, 1980).

significativamente como área fornecedora de cativos para as regiões de *plantation* na segunda metade do oitocentos.

A delimitação espacial da pesquisa encontra-se compreendida no conjunto de localidades que compuseram o município de Franca entre 1830 e 1888, situado no nordeste do atual estado e então província de São Paulo (ver mapa abaixo). Nesta região, cujo povoamento iniciou-se em fins do século XVIII (principalmente por paulistas) e intensificou-se a partir do primeiro quinquênio do oitocentos com o afluxo de famílias egressas de Minas Gerais (Chiachiri Filho, 1986), os escravos africanos, distribuídos em posses que variavam na maioria dos casos entre um e cinco cativos por senhor, foram principalmente utilizados na agricultura de gêneros alimentícios — direcionada ao consumo e a um pequeno comércio regional — e nas atividades ligadas ao trabalho de criação do gado vacum, produto reinante na economia local até meados do século XIX, em que a produção em maior escala do café só chegou no último quartel do oitocento (Oliveira, 1997).

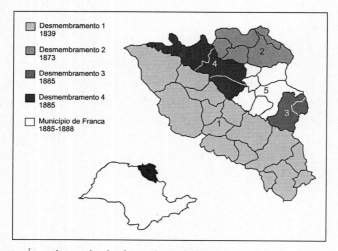

Figura 1 – Áreas desmembradas do município de Franca.
Fonte: adaptado a partir de Bacelar, C. de A. P., BRIOSCHI, L. R. (Org.) *Na estrada do Anhanguera*: uma visão regional da história paulista. São Paulo: Humanitas/FFLCH/USP, 1999, p.18.

SENHORES DE POUCOS ESCRAVOS **23**

O mais antigo processo criminal existente no Arquivo Histórico Municipal de Franca (AHMUF), pertencente ao fundo do Cartório do 1º Ofício Criminal de Franca, data de 1809, ou seja, é posterior à criação da Freguesia de Franca (1805). Dos primeiros tempos do povoamento até fins do século XIX, a circunscrição judiciária da região desenvolveu-se da seguinte maneira: de 1804 a 1833 pertencia à Comarca de Itu. Entre 1833 e 1839, pertenceu à 3ª Comarca da província de São Paulo (Campinas). Em 14 de março de 1839 foi sancionado o decreto que criava a 7ª Comarca da província de São Paulo, constituída pelo termo da Vila Franca do Imperador, o qual, por sua vez, era composto pela então simultaneamente criada Vila de Batatais, que figurava como *cabeça* do termo, e ainda pelo termo de Mogi-Mirim, além dos distritos pertencentes a cada uma destas localidades. Dois anos mais tarde, no *mapa da organização e divisão criminal da província de São Paulo, conforme a Lei nº 261 de 3 de dezembro de 1841, e regulamentos respectivos*, constam como componentes da 7ª Comarca os termos de Mogi-Mirim, Casa Branca, Franca do Imperador e Batatais. Apenas em 17 de julho de 1852 foi criada a *Comarca da Franca* (16ª Comarca), a qual tinha a Vila Franca como sede e compreendia os termos de Franca e Batatais.[12]

Desta forma, embora a região abordada na pesquisa tenha pertencido aos desdobramentos da Comarca de Franca, seu alcance não

---

12 Para a síntese destas informações foi necessário cruzar várias fontes: Constantino, 1931. O autor era na época (1931) redator desse jornal, além de pertencer ao Instituto Histórico e Geográfico de São Paulo. Seu artigo visa mostrar como a repercussão provincial e imperial da sedição local conhecida como *Anselmada* foi efetiva para a criação da 7ª Comarca, desdobrando-se posteriormente, no decorrer de disputas políticas entre Franca e Batatais, e de reformas judiciárias provinciais, na criação em 1852 da *Comarca da Franca*. Quanto à sucessão das comarcas a que pertenceu a região de Franca desde os primórdios do povoamento, utilizou-se uma relação anônima arquivada com o maço referente ao ano de 1853 da lata C04773, Juízes de Direito Franca, 1834-1866, pertencente ao acervo do Departamento de Arquivo do Estado de São Paulo (de agora em diante DAESP). E por fim utilizaram-se dois mapas referentes à divisão judiciária provincial anexados aos relatórios apresentados por dois presidentes da província de São Paulo e disponibilizados no *site* da Universidade de Chicago. São eles

24 RICARDO ALEXANDRE FERREIRA

é o de toda a área nela compreendida na vigência do Código Criminal do Império. Todavia, os desdobramentos do município de Franca auxiliam na compreensão das dimensões geográficas abordadas.

1) *Batatais, pela Lei nº 7, de 14 de março de 1839*, abrangendo o povoado de São Bento do Cajurú, atual Cajurú, e território dos futuros povoados de Santana dos Olhos D'Água, atual Ipuã; São José do Morro Agudo, atual Morro Agudo; Espírito Santo de Batatais, atual Nuporanga; Piedade do Mato Grosso de Batatais, atual Altinópolis; Cruzeiro, atual Santo Antônio da Alegria; Jardinópolis; Brodosqui; Orlândia, São Joaquim da Barra e Sales Oliveira. [Área marcada na cor laranja no mapa.]

2) *Santa Rita do Paraíso, pela Lei nº 5, de 14 de abril de 1873.* Foi posteriormente denominada Igarapava, abrangendo a povoação de Santo Antonio da Rifaina, atual Rifaina e território do futuro Pedregulho. [Área marcada na cor amarela no mapa.]

3) *Patrocínio do Sapucaí, pela Lei nº 23, de 10 de março de 1885.* Foi depois denominada Patrocínio Paulista, abrangendo território da futura povoação de Nossa Senhora Aparecida, atual Itirapuã. [Área marcada na cor vermelha no mapa.]

4) *Carmo da Franca, pela Lei nº 24, de 10 de março de 1885.* Foi depois denominada Ituverava, abrangendo o território futuro de Guará e de São Miguel, atual Miguelópolis. [Área marcada na cor verde no mapa.] (Santos, 1991, itálicos nossos)

Em seu recorte espacial a maior parte do *corpus* documental abordado no presente estudo foi produzida no conjunto de regiões representadas no mapa pelos números 2, 3, 4 correspondentes respectivamente ao segundo, terceiro e quarto desdobramentos do município de Franca no século XIX. A área identificada com o número 1, o primeiro desmembramento, também é contemplada pela

---

979BN, de 7 de janeiro de 1845, cujo mapa consta na página http://wwwcrl-jukebox.uchicago.edu/bsd/bsd/979/000073.html, e 1009AN, de 25 de abril de 1869, cujo mapa encontra-se em http://wwwcrl-jukebox.uchicago.edu/bsd/ bsd/1009/000072.html.

SENHORES DE POUCOS ESCRAVOS **25**

documentação, contudo, como foi logo separada do município de Franca (1839), sua contribuição para a pesquisa foi marcadamente qualitativa.

Assim, vinculado aos desdobramentos do município, o recorte espacial da pesquisa modifica-se ao longo dos oitocentos, circunscrevendo-se a área identificada com o número 5 no mapa, território dos atuais municípios de Franca, Restinga, Cristais Paulista, Jeriquara, São José da Bela Vista e Ribeirão Corrente, nos anos finais da existência legal cativeiro no Brasil (1885-1888).

Utilizados como fontes principais deste estudo, os processos criminais — documentação serial e normativa da justiça criminal — produzidos entre 1830 e 1888 apresentam-se divididos, na perspectiva de um encaminhamento padrão, em duas fases principais:

1 — *Sumário de culpa*: composto pela denúncia ou queixa (dependendo da natureza do crime), auto de corpo de delito, qualificação do acusado, interrogatório feito às partes envolvidas e às testemunhas. O sumário terminava quando todas as fases estavam cumpridas e a autoridade que o havia conduzido (juízes de paz, subdelegados ou delegados de polícia, dependendo da época) considerava que existiam informações suficientes para a pronúncia ou não do acusado, a qual deveria ser confirmada pelo juiz municipal.

2 — *Julgamento*: se a causa fosse considerada procedente o acusado era pronunciado com base na legislação criminal e seu nome lançado no rol dos culpados. Em seguida, o juiz de direito autorizava a sequência do processo, que constava do libelo crime acusatório elaborado pelo promotor público, da contrariedade do libelo crime acusatório feito pelo defensor do réu e de um novo parecer do juiz de direito, que, se satisfeito, encaminhava os autos para a próxima reunião do júri (sorteado entre os eleitores da localidade). Durante o julgamento o escrivão registrava cada fase sem relatar seu conteúdo, exceto no que se referia ao interrogatório feito ao réu e às respostas dadas aos quesitos formulados ao júri, as quais fundamentavam a sentença proferida pelo juiz de direito.

O processo criminal era ainda entremeado por petições encaminhadas pelos procuradores das partes, bilhetes utilizados como provas, desenhos (perfis de armas), recursos e outros papéis que fazem única cada peça criminal; no entanto, analisadas em conjunto, elas iluminam aspectos da vida cotidiana de variados grupos sociais em momentos e lugares distintos.[13]

Diversos historiadores utilizaram os processos criminais como fontes para reconstrução de comportamentos cotidianos, reveladores das práticas de distintos grupos sociais. No entanto, torna-se necessário considerar que o processo criminal é uma fonte institucional, produzida pela justiça e carregada de manifestações de interesses distintos, que filtram — por meio da pena do escrivão — os relatos dos envolvidos. Utilizando o conceito de *fábula*, Celeste Zenha (1984) afirma que o processo criminal constitui-se numa historieta tida como coerente e verdadeira na qual as pessoas envolvidas seriam personagens, manipuladas pelo conjunto de poderes vigentes na sociedade. A fábula constitui-se como a verdade final, fruto das versões apresentadas nos autos.

Numa perspectiva distinta, Thompson enfatiza a ideia do direito como um campo de lutas, um espaço de constantes embates, cuja manifestação na sociedade visa apresentá-lo de forma potencialmente autônoma, em detrimento da concepção que o entende exclusivamente como mascaramento ideológico das intenções das classes dominantes.

> Se a lei é manifestamente parcial e injusta, não vai mascarar nada, legitimar nada, contribuir em nada para a hegemonia de classe alguma. A condição prévia essencial para a eficácia da lei, em sua função ideológica, é a de que mostre uma independência frente a manipulações flagrantes e pareça ser justa. (Thompson, 1997, p.354)

Aproximando-se das afirmações de Thompson, Eugene Genovese acentua que o sistema jurídico pode não ser a expressão de uma

---

13 Descrição do processo-crime elaborada com base em autos pertencentes ao município de Franca, bem como na obra de Wissenbach (1998), sobretudo o item "A documentação judiciária e a história social da escravidão", p.38-43.

SENHORES DE POUCOS ESCRAVOS **27**

classe, mas sim de uma parte desta que impõe seu ponto de vista sobre as demais, bem como ao restante da sociedade. Entretanto, para ser efetiva, a lei "tem de exibir uma equanimidade suficiente para impor a submissão social, ou seja, deve legitimar-se eticamente aos olhos das variadas classes, e não somente da classe dominante" (Genovese, 1988, p.50).

Como afirma Michelle Perrot:

> Não existem "fatos criminais" em si mesmos, mas um julgamento criminal que os funda, designando ao mesmo tempo seus objetos e seus atores; um discurso criminal que traduz as obsessões de uma sociedade. Toda a questão é saber como ele funciona e muda, em que medida exprime o real, como aí se operam as diversas mediações. (Perrot, 1988, p.244-5)

Assim, da mesma forma que em relação às demais fontes (sejam elas orais, escritas, iconográficas ou outras) é necessário ao historiador analisar os processos criminais de forma crítica — interna e externamente —, ao examinar processos-crime é preciso estar atento aos elementos que se repetem de forma sistemática, mentiras ou contradições que aparecem com frequência, versões que se reproduzem várias vezes (Chalhoub, 1986). Ler *nas entrelinhas, explorando pequenos indícios, tentando mesmo ouvir os silêncios* (Reis & Gomes, 1996).

No Arquivo Histórico Municipal de Franca foram consultados todos os processos criminais produzidos no período compreendido entre 1830 e 1888, dos quais foram selecionados aqueles em que constam escravos arrolados como réus e/ou vítimas (ver Tabela 1).

Foram consultados os 1.160 processos criminais que compõem o acervo relativo ao Cartório do 1º Ofício Criminal de Franca entre 1830 e 1888, dos quais foram selecionados para a análise empreendida os 120 processos em que os escravos figuraram como réus e/ou vítimas. Para cada um destes, foi preenchido um formulário que, além de permitir a rápida localização de cada transcrição, possibilitou a elaboração dos gráficos e tabelas que auxiliaram a análise.

28 RICARDO ALEXANDRE FERREIRA

Tabela 1 - Processos criminais - Franca 1830-1888

Século XIX (décadas)	Total geral de processos--crime	Total de processos-crime envolvendo escravos arrolados como réus e/ou vítimas	Relação porcentual
1830-1839	147	18	12,2 %
1840-1849	112	13	11,6 %
1850-1859	214	23	10,7 %
1860-1869	184	25	13,5 %
1870-1879	218	19	8,7 %
1880-1888	285	22	7,7 %
TOTAL	1160	120	10,3 %

Fonte: Cartório do 1º Ofício Criminal de Franca, Processos Criminais 1830-1888, AHMUF.

O Museu Histórico Municipal de Franca (MHMF) guarda em seu acervo toda a documentação relativa à Câmara Municipal de Franca do período abrangido pela pesquisa: atas das reuniões, ofícios diversos (em sua maioria, circulares enviadas pela Presidência da província) e todo o conjunto de posturas municipais então vigentes. As pesquisas empreendidas nesta instituição resultaram na coleta de fontes complementares para o presente estudo: alguns ofícios recebidos pela Câmara versando a respeito de cativos, bem como as posturas municipais relacionadas a escravos e libertos.

As pesquisas realizadas em instituições localizadas na cidade de Franca foram complementadas por consultas a outros arquivos e bibliotecas das cidades de São Paulo e Rio de Janeiro.

No Arquivo do Estado de São Paulo (DAESP) foram consultados cerca de 2.400 ofícios administrativos enviados pelas autoridades de Franca à Presidência da província de São Paulo, versando a respeito dos mais variados assuntos concernentes à administração local. No Arquivo Nacional do Rio de Janeiro e no Arquivo do Judiciário Paulista foram consultadas as apelações criminais envolvendo escravos, com o intuito de estender o conjunto de elementos considerados para a melhor compreensão das execuções de escravos na região abrangida pela pesquisa.

De grande valia para a análise foi ainda a leitura dos relatórios dos presidentes da província de São Paulo, disponibilizados na *internet* na página da Universidade de Chicago. Na Biblioteca Nacional e nas da Faculdade de Direito da Universidade de São Paulo foi possível tomar contato com variadas obras jurídicas raras que muito auxiliaram na compreensão do impacto da escravidão sobre a matéria penal do país já independente, bem como na familiarização com a prática jurídica dos tribunais da época.

A compreensão das interações dos mundos de senhores e escravos no município de Franca foi fundamental para a interpretação do cotidiano cativo entendido como produto de relações ativas e contraditórias. Nesta perspectiva, o primeiro capítulo aborda o conjunto de elementos que compuseram, de maneira geral, o cenário da ocorrência dos delitos praticados e sofridos por escravos, e especificamente os conflitos com os senhores.

Numa dinâmica de *negociação e conflito*,[14] muitas vezes velada e pouco perceptível numa região de poucos cativos, infere-se que a relação reciprocamente moldada por escravos e senhores no cotidiano também tenha tido a interferência de outros setores da sociedade, entre eles a Justiça. Principiando pela explicitação dos desdobramentos do conjunto de leis encarregadas de conceituar as transgressões dos cativos no Brasil do oitocentos, abordam-se no capítulo 2 os conflitos entre os senhores e as autoridades locais na aplicação de castigos e cominação de penas aos escravos. Diretamente ligados ao conflito entre proprietários e autoridades, os delitos cometidos pelos cativos por mando dos senhores ou em parceria com pessoas livres são objeto da análise que encerra o capítulo.

A significativa mobilidade espacial dos escravos que viveram em Franca esteve relacionada com as temáticas desenvolvidas nos capítulos 1 e 2, pois foram viabilizadas pelo tipo de economia, pela quantidade pequena de cativos no conjunto da população e pela relação estabelecida com os senhores, pronta a sofrer a interferência da

---

14 Referência ao título da já citada obra de João José Reis & Eduardo Silva (1989).

ação da justiça. No entanto, tal mobilidade possibilitou uma gama extensa de outras relações dos cativos com os demais grupos sociais existentes na região, representando assim o maior número de réus e vítimas no cômputo geral das fontes compulsadas.

Dessa maneira, o capítulo 3 esforça-se para reconstruir as relações estabelecidas pelos escravos com pessoas livres, libertas e escravas nas mais diversas situações. Afloram os desfechos violentos para situações aparentemente cotidianas que pela própria natureza das fontes compulsadas culminaram em atitudes juridicamente conceituadas como crimes, cujas versões, em narrativas norteadas pelos interesses dos envolvidos e pela lógica dos interrogatórios, acabaram por permanecer registradas em processos criminais.

1
CRIMINALIDADE E COTIDIANO ENTRE SENHORES E ESCRAVOS

O cotidiano da criminalidade ativa e passiva envolvendo os cativos no Brasil do oitocentos foi permeado pela presença de vítimas e réus distintos dos senhores e seus prepostos. Contudo, a relação com os proprietários, responsável pela constante reafirmação da condição de escravo, configura-se como o alicerce sobre o qual é apropriado iniciar a reconstrução da história do cativeiro em suas nuançadas formas de ocorrência. Assim, ao admitir que senhores e escravos moldaram-se reciprocamente, é preciso levar em conta o *mundo dos senhores* e das demais pessoas envolvidas conjuntamente com o *mundo dos escravos* (Genovese, 1988).

Caracterizada como uma região onde a utilização de mão de obra cativa apresentou proporções diminutas em virtude do tipo de economia nela predominante no decorrer da maior parte do século XIX, o município de Franca oferece um cenário privilegiado para a análise de uma das facetas da escravidão, significativamente valorizada pela historiografia das últimas décadas, a partir da constatação de que uma expressiva parcela da população cativa do país, distribuída entre proprietários de pequenos grupos de escravos, localizava-se em áreas nas quais a produção destinava-se à subsistência e ao abastecimento interno.

32 RICARDO ALEXANDRE FERREIRA

Em vez de confirmar ou desmentir a hipótese de que nessas circunstâncias o cativeiro ocorresse de maneira mais atenuada ou até mesmo afrouxada em relação a outras áreas nas quais predominavam diferentes padrões demográficos de escravos, tenciona-se analisar possibilidades, matizes e complexidades, pois se infere que tanto a violência explícita como as práticas de sobrevivência dos cativos compunham um intricado jogo de relações no *cotidiano de senhores e seus poucos escravos*.

Norteado por tais pressupostos, este capítulo principia pela delimitação do terreno sobre o qual se edificaram as relações estabelecidas entre os cativos e seus proprietários na região abrangida pela pesquisa, por meio da consideração de importantes elementos, tais como o povoamento, a economia e a população. Com a finalidade de relacionar o município de Franca ao contexto mais amplo da problemática relativa à criminalidade escrava no Sudeste do país após o término do tráfico internacional, segue uma análise do cômputo de delitos praticados pelos cativos na vigência do Código Criminal do Império. Por fim, de posse destas investigações iniciais e lançando mão de vestígios registrados nos autos compulsados, busca-se avançar no conhecimento da relação direta estabelecida entre senhores e seus poucos escravos no cotidiano de uma região predominantemente rural.

Ambiência da escravidão no município de Franca

Nas últimas duas décadas, os trabalhos dedicados à análise da economia, da demografia e das famílias escravas no Brasil evidenciaram a relevância da existência de cativos africanos e seus descendentes em áreas cujas atividades econômicas não estavam diretamente ligadas à produção para exportação[1].

---

1 Numa perspectiva oposta, ao relacionar a presença cativa africana em São Paulo predominantemente vinculada à grande propriedade e à economia de exportação, representada pela cultura do açúcar que em meados do século XIX foi

SENHORES DE POUCOS ESCRAVOS   33

Em concomitância com outros estudos, no início da década de 1980, ao apresentar *novas evidências* em relação aos padrões da propriedade escrava no Brasil para o período compreendido entre fins do século XVIII e início do século XIX, Stuart Schwartz apontou a necessidade de uma revisão da abordagem até então preponderante ao afirmar que "nem o plantador típico nem o escravo típico viveram nas grandes plantações do Brasil colonial".[2]

Embora não se comportando como compartimentos estanques, por apresentarem significativos graus de entrelaçamento com as *plantations*, as regiões dedicadas à subsistência e ao abastecimento interno abarcaram em seu conjunto milhares de cativos e, no entanto, foram por muito tempo consideradas de menor importância, em razão de uma lógica de explicação que se baseava, sobretudo, na economia voltada para o mercado externo[3].

---

paulatinamente superada pela do café, ver Queiroz, 1977, principalmente o capítulo 1, "A introdução do escravo negro em São Paulo".

2 Schwartz, 1983, p.273. Na mesma direção de afirmações cf. Cardoso, 1988, sobretudo os trabalhos de Hebe Maria Mattos de Castro e João Luiz Ribeiro Fragoso.

3 Gutiérrez, 1987. Vasta historiografia ocupou-se do estudo de áreas específicas do país analisando a posse de escravos; um balanço geral desta produção encontra-se em Motta, 1999, especialmente no capítulo 2, "Historiografia e estrutura da posse de escravos". Uma das mais importantes polêmicas em torno da presença de cativos em atividades direcionadas ao abastecimento interno — suscitada pelos trabalhos de Amílcar Martins Filho e Roberto Borges Martins — evidenciou a província de Minas Gerais como a maior possuidora de escravos no século XIX. Inserindo-se no debate a respeito dos níveis de ligação da economia mineira com o mercado exportador encontra-se Slenes, 1985. Numa perspectiva espacial mais ampla ver "Roceiros e escravidão: alimentando o Brasil nos fins do período colonial". Neste texto Schwartz defende a ideia de que "... a agricultura de subsistência e a de exportação estavam intimamente ligadas numa relação complexa, multidimensional e em mutação histórica. Eram, de fato, duas faces da mesma moeda" (Schwartz, 2001, p.119). No debate com os estudiosos que evidenciaram a primazia do mercado externo para o entendimento da formação do Brasil inseriu-se a obra Fragoso, 1998, e, no tocante à constatação de que o controle do tráfico internacional de escravos era exercido pelos detentores do "capital mercantil carioca desde pelo menos a primeira metade do século XVIII", Florentino, 1997.

34   RICARDO ALEXANDRE FERREIRA

Nesse sentido, sem inverter a problemática — afirmar que as zonas de abastecimento e subsistência seriam mais importantes que as exportadoras —, mas sim, como aponta Schwartz, entendendo ambas como *faces da mesma moeda*,[4] é na perspectiva de uma economia integrada à região Centro-Sul do Brasil, dedicada ao mercado interno e, principalmente, voltada para o consumo de seus moradores, que a região de Franca pode ser situada na maior parte dos oitocentos.[5]

Inicialmente objeto de disputa entre as capitanias de Minas Gerais e São Paulo, a cidade de Franca, localizada no Nordeste do atual estado de São Paulo — principal localidade abarcada pelo presente estudo —, foi criada numa região mais abrangente, denominada ainda no século XVIII *Sertão do Rio Pardo até o Rio Grande*.[6] Esta vasta área era cortada pela *Estrada dos Goiases*, um caminho aberto pelo primeiro Anhanguera (com base em antigas trilhas indígenas) e retomado pelo segundo Anhanguera em 1725. A estrada ligava a região da atual cidade de Campinas (acesso à sede da capitania e ao mar) até a localidade de Vila Boa de Goiás, passando pelas terras — primeiramente habitadas por índios Caiapó — nas quais mais tarde (1804) foram criados o *Distrito do Rio Pardo até o Rio Grande* e (em 1805) a *Freguesia de Nossa Senhora da Conceição da Franca, Sertão do Rio Pardo* (Chiachiri Filho, 1986).

A dinâmica de povoamento da região evidencia dois fluxos principais de migrantes. Ainda no século XVIII, por ocasião da descoberta de ouro em Goiás, o movimento de pessoas na estrada foi

---

4 Ver nota anterior.

5 Oliveira, 1997. Não se pretende aqui discutir os níveis de mercantilização da economia de Franca ao longo do século XIX, pois o tema escapa ao objetivo central deste capítulo. A questão encontra-se, contudo, abordada no citado trabalho de Oliveira e ainda em Tosi, 1998, sobretudo o capítulo 2, "Clube da lavoura e comércio".

6 Outras variações do nome — que também poderiam implicar a eventual alteração das dimensões territoriais nomeadas — podem ser encontradas na própria bibliografia que trata do povoamento da região, tais como: *Sertão dos Goyazes, Sertão do Rio Pardo, Caminho dos Goyazes, Sertão e Caminho dos Goyazes.*

SENHORES DE POUCOS ESCRAVOS **35**

consideravelmente elevado, constituído sobretudo por paulistas, que se embrenhavam na direção do sertão, alguns se estabelecendo em pousos nas margens do caminho. Porém, não teriam sido eles os consumadores do povoamento na região. Nos primeiros anos do século XIX verificou-se uma significativa migração de mineiros para a extensão de terras compreendidas entre os rios Pardo e Grande.[7]

Provenientes do sul de Minas Gerais — principalmente da comarca do Rio das Mortes —, ocupando também a região situada entre os rios Paranaíba e Grande (Sertão da Farinha Podre), estes migrantes — denominados na época *entrantes mineiros* — saíram de suas terras natais em decorrência dos desdobramentos e redimensionamentos da economia mineira[8] — "a volta à agricultura, pecuária e consequente comercialização de seus produtos —, sobretudo em busca dos 'campos de criar'" (Chiachiri Filho, 1986, p.33).

A presença de alguns cativos podia ser notada nos pousos e fazendas, originários da primeira fase do povoamento (paulista), mas somente com a população de mineiros, seus familiares e agregados é que a área — onde em 1824 erigiu-se a Vila Franca do Imperador — recebeu um maior volume de escravos africanos e seus descendentes. Entretanto, não se instalou na região uma escravidão de grande monta, pois os primeiros *entrantes* não eram homens abastados, cujas atividades desenvolvidas demandassem um número elevado de

---

7 Cf. Chiachiri Filho, 1986. A migração mineira para uma região ainda mais ampla do Nordeste paulista pode ser consultada em Brioschi, 1991. Ver ainda Bacellar & Brioschi, 1999, sobretudo o texto de Brioschi, *Fazendas de criar*.

8 A ideia de redimensionamento da economia mineira, apontada no texto de Chiachiri Filho, deve ser entendida não como sinônimo de decadência ou involução, mas sim "que a economia de Minas Gerais deixara de ter como eixo dinâmico a economia mineradora, passando a se basear, em finais dos anos de 1700, numa agricultura e numa pecuária voltadas para o mercado interno. Na verdade, o que observamos é, ao lado do definhamento da atividade mineradora, o crescimento de uma agricultura e de uma pecuária mercantis não exportadoras já existentes desde o início do século XVIII; é isto que explica o fato de Minas aparecer, em 1819, como a maior capitania escravista do país" (Fragoso, 1998, p.125). Para o mesmo tema, ver ainda Slenes, 1985; e a respeito de Franca, Oliveira, 1997, p.33.

36 RICARDO ALEXANDRE FERREIRA

escravos e agregados. Quando afluíram para o Sertão do Rio Pardo, já chegaram como pequenos pecuaristas, de forma geral acostumados a tratar pessoalmente (ou com ajuda dos filhos) "das criações, apartar o gado, preparar a terra para a formação dos pastos ou para a plantação de mantimentos".[9]

A pecuária bovina[10] — que ainda permaneceu importante na região mesmo após o domínio dos cafeeiros — convivia com uma série de outras atividades, tais como a criação de equinos, carneiros, cabritos, pavões, com destaque ainda para a produção de suínos. A agricultura produzia principalmente milho,[11] feijão e mandioca. Alguns focos de mineração, tecelagem, produção de açúcar e

---

9 Chiachiri Filho, 1986, p.159. Com o desenvolvimento das investigações a respeito da presença cativa nas mais variadas áreas e atividades econômicas no Brasil, veio à tona a discussão a respeito da existência do cativeiro em regiões de predomínio da criação de gado. Uma síntese deste debate encontra-se em Falci, 2000, p.255-71. Para o entendimento de argumentos diversos porém fundamentais ao desenvolvimento da historiografia a respeito desta temática, ver também Gorender, 1978, principalmente o capítulo 20, "Escravismo na pecuária". E ainda Petroni, 1960.

10 As boiadas eram compradas na região de Franca e do atual Triângulo Mineiro, de onde partiam para a comarca do Rio das Mortes (também em Minas), a qual, por sua vez, mantinha estreito contato comercial com o Rio de Janeiro (Oliveira, 1997). Um ofício relativo à Câmara de Franca datado de 25 de maio de 1831 trata de uma reclamação enviada ao governo de Minas Gerais sobre abusos praticados no Registro de Jacuhy, onde se estariam cobrando "direitos de entradas e subsídios de escravos de homens conhecidos da dita Província de São Paulo que transitam com negócio de gados para a Corte do Rio de Janeiro e regressão para suas casas", indicando que de Franca também partiam boiadas diretamente para o Rio de Janeiro (Câmara Municipal de Franca, Correspondências Diversas – Ofícios – Circulares, caixa 89, v. 564 – 1829 a 1832, MHMF). Para um entendimento mais amplo da integração das áreas do Centro-Sul do país, participantes do abastecimento interno, e sua relação com o Rio de Janeiro, ver Lenharo, 1976, e Fragoso, 1998.

11 Em meados do século o milho figurou como líder entre os produtos da *indústria agrícola local* e era principalmente destinado à engorda dos porcos que de Franca exportavam-se *para o Rio de Janeiro em pé, e para Campinas e São Paulo em toucinho* (Ofícios Diversos Franca, lata 1021, pasta 2, documento n° 75, de 31/12/1856, DAESP).

aguardente, e ainda atividades artesanais realizadas com o couro (selarias e sapatarias), integraram a diversidade econômica regional (Oliveira, 1997).

Também associado à pecuária estava o comércio do sal, fundamental para o escoamento de eventuais excedentes da produção local. Carros de boi saíam de Franca levando produtos locais e retornavam carregados com o sal que era posteriormente redistribuído para outras localidades (sobretudo Minas Gerais e Goiás). Tal era a importância deste comércio que a *Estrada dos Goiases* passou a ser conhecida na época como *Estrada do Sal* (ibidem).

Entretanto, em meados do século XIX (1856), era possível perceber na fala da Câmara de Franca ao presidente da província de São Paulo os anseios de alguns setores locais pelo desenvolvimento de uma atividade agrícola que se praticasse com maior especialização:

> Mas acontece, como a todos os outros ramos, que nem um lavrador se dedica a esta cultura [o algodão] para poder desenvolvê-la e melhorá-la. Mas quem cultiva o algodão cultiva cana, cultiva milho, cria porcos, cria gado, faz queijos, faz rapaduras, farinha, polvilho e isto em uma grande superfície e com poucos braços. De modo que, apesar da grande fertilidade das matas, apesar de uma primavera e estio úmido e quente, apesar de um outono seco e temperado, os resultados da produção não correspondem aos grandes auxílios naturais — Os instrumentos da lavoura ainda são somente o machado, a foice e a enxada; a força de braços auxiliados apenas pelo fogo; o método aurança [sic] do sertão.[12]

Aparentemente ainda perseguindo os mesmos objetivos, cinco anos mais tarde, em novo ofício enviado à Presidência da província, os vereadores de Franca mencionavam problemas locais que se tornaram temas polêmicos, exaustivamente debatidos na Assembleia Legislativa Provincial de São Paulo nas décadas seguintes, quando o país se encontrava às voltas com a inevitável substituição da mão de obra cativa (cf. Azevedo, 1987).

---

12 Ofícios Diversos Franca, lata 1021, pasta 2 , documento n° 75, de 31/12/1856, DAESP.

38   RICARDO ALEXANDRE FERREIRA

A agricultura não tem progredido, existe como estacionária por causa da *falta de braços*, e de não ter se podido ainda introduzir melhoramentos no sistema agrícola, que é o mesmo que era *outrora*, *quando o braço escravo obtido a preços razoáveis* dispensava o lavrador de estudar o trabalho, *os trabalhadores livres, apesar de serem poucos, que às vezes se prestam ao pesado serviço da lavoura, exigem uma diária muito alta* em relação ao serviço que prestam e daí vem a elevação dos preços dos gêneros alimentícios ... .[13]

Nos relatos acima pode-se identificar as dificuldades encontradas em meados do século — entre as quais se destaca aqui *a falta de braços* —, quando o município dispunha ainda de mão de obra suficiente para a produção destinada ao consumo e à criação de gado, para a implementação de medidas destinadas a equiparar a lavoura em Franca com a de outras áreas possivelmente identificadas pelos vereadores com a prosperidade. Tal cenário perdurou pelo menos até o último quartel do século XIX, quando as plantações de café começaram a proliferar na região.

Mesmo insuficientes para uma atividade que demandasse um número elevado de braços, os escravos figuravam como importante parcela da riqueza dos proprietários locais. Ademais, estavam presentes também: no desempenho das tarefas domésticas; na preparação de benfeitorias (currais, valos,[14] entre outros) necessárias à criação do gado; no transporte das boiadas; na criação de porcos e outros animais; na lavoura; nas mais distintas produções de gêneros alimentícios; na fabricação de tecidos,[15] roupas, calçados e utensílios;

---

13 Ofícios Diversos Franca, lata 1022, pasta 1, documento n° 1-C, de 24/01/1861, DAESP. Itálicos nossos.

14 Segundo as posturas municipais de Franca vigentes em 13 de maio de 1888, "É considerado fecho de lei: § 1° O *valo* de dois metros e sessenta e quatro centímetros de boca e dois metros de profundidade". Ou seja, o valo era um buraco, construído de acordo com as medidas especificadas, cuja principal função era impedir que o gado saísse de um pasto ou propriedade (Posturas Municipais de Franca, sem n° de folha, 1888, MHMF).

15 Ainda de acordo com o relatório dos vereadores de Franca ao presidente da província de São Paulo: "Não existe no município estabelecimento algum de indús-

na construção de moradias, locais de comércio, lazer, cultos religiosos, entre outros; e na vigilância das propriedades, sem especializações recorrentes.

Os processos criminais permitem uma primeira aproximação à identificação das ocupações dos escravos em Franca. Embora os dados de qualificação de réus e vítimas apresentem grandes vazios (ver Tabela 3), quando cotejados com as circunstâncias de ocorrência dos crimes e ofícios administrativos trocados entre as autoridades locais e a presidência da província, é possível afirmar que os escravos estavam presentes na maioria das atividades mencionadas e de quaisquer outras que se desenvolvessem na região — sozinhos, em pequenos grupos ou trabalhando em conjunto com pessoas livres, libertas, familiares dos senhores, agregados e camaradas.

Tabela 2 – Quantidade de escravos possuídos por proprietário

Quantidade de escravos	1822/1830 % de proprietários	1875/1885 % de proprietários
1 a 5	73,4	64,8
6 a 10	20,0	20,6
11 a 15	3,3	8,8
16 a 20	3,3	2,9
21 a 25	—	2,9

Tabela elaborada por Lélio Luiz Oliveira, a partir de processos de inventário do 2º Ofício Cível de Franca, cx. 2 a 4 – 1822/30, e cx. 27 a 32 – 1875/85, lotados no AHMUF (OLIVEIRA, L. L. A riqueza dos proprietários. In: _____. *Economia e história em Franca*: século XIX. Franca: Unesp/FHDSS/Amazonas Prod. Calçados, 1997. cap.3, p.83.

---

tria fabril. Tece-se algum algodão chamado da terra, e também alguns tecidos chamados de Minas — e entre estes poucos de lã, em regra só para o uso dos próprios produtores. Roda e tear grosseiros são os instrumentos empregados à força de braços. *"É em regra o emprego das escravas nas horas que sobram ao serviço doméstico"* (Ofícios Diversos Franca, lata 1021, pasta 2, documento nº 75, de 31/12/1856, DAESP). Itálicos nossos.

40 RICARDO ALEXANDRE FERREIRA

Tabela 3 – Ocupação dos envolvidos nos processos em que escravos figuram como réus e/ou vítimas no município de Franca (1830-1888)

Ocupação	Processos em que os escravos figuram como réus		Processos em que os escravos figuram como vítimas		Total	Porcentual relativo às ocupações declaradas
	Réus escravos	Vítimas de escravos	Escravos vítimas	Réus em crimes praticados contra escravos		
Lavrador	35	2	7	9	53	43,8
Carreiro	6	1	1	—	8	6,7
Camarada	—	5	—	2	7	5,9
Carpinteiro	3	2	—	1	6	5,0
Ferreiro	3	—	—	3	6	5,0
Cozinheira	3	—	2	1	6	5,0
Feitor	—	2	—	2	4	3,3
Sapateiro	3	—	—	1	4	3,3
Guardas	—	2	—	1	3	2,5
Negociante	—	1	—	2	3	2,5
Rebocador	1	1	1	—	3	2,5
Tropeiro	1	2	—	—	3	2,5
Costureira	—	1	—	1	2	1,6
Jornaleiro	2	—	—	—	2	1,6
Lavadeira	—	2	—	—	2	1,6
Taipeiro	2	—	—	—	2	1,6
Fiandeira	—	—	1	—	1	0,8
Garimpeiro	1	—	—	—	1	0,8
Padre	—	1	—	—	1	0,8
Pescador	—	1	—	—	1	0,8
Valeiro	1	—	—	—	1	0,8
Vendeira ao ganho	—	—	1	—	1	0,8
Vive de esmolas	—	1	—	—	1	0,8
Total de ocupações declaradas	61	24	13	23	121	37,6

Continuação

Ocupação	Processos em que os escravos figuram como réus		Processos em que os escravos figuram como vítimas		Total	Porcentual relativo às ocupações declaradas
	Réus escravos	Vítimas de escravos	Escravos vítimas	Réus em crimes praticados contra escravos		
Ocupações não declaradas	50	57	51	43	201	62,4
Total geral	111	81	64	66	322	100

Fonte: Cartório do 1º Ofício Criminal de Franca, Processos Criminais 1830-1888, AHMUF.

No final do século, sobretudo com o advento da cultura cafeeira e a chegada da ferrovia na cidade, verificou-se também o contato entre cativos e trabalhadores estrangeiros, embora os reduzidos vestígios remanescentes destas relações nos processos compulsados não sejam suficientes para uma análise mais esclarecedora do cotidiano de cativos e imigrantes no município de Franca.

De posse deste pano de fundo, ainda que acentuadamente geral em relação à diversificada economia da região, torna-se possível vislumbrar algumas das possíveis motivações que contribuíram para que a maioria dos senhores em Franca possuíssem cinco ou menos cativos em suas propriedades, de acordo com as relações de bens pesquisadas por Lélio Luiz Oliveira (1997) nos inventários *post-mortem* de dois períodos (1822/1830 e 1875/1885).

Para um melhor entendimento da divisão de cativos por senhor, Oliveira detalha as posses de escravos do maior número de proprietários (de um a cinco), respectivamente quanto ao primeiro e ao segundo períodos por ele analisados (ver Tabela 2):

> Mais da metade dos proprietários (73,4%) possuíam em seus quadros de um a cinco escravos e, entre estes, 13,4% possuíam um só cativo; e essa mesma porcentagem (13,4%) era atribuída a senhores com apenas dois escravos. Há registros ainda de senhores (16,7%) que

42 RICARDO ALEXANDRE FERREIRA

> possuíam quatro escravos, sendo que a maior porcentagem dos proprietários (20,3%) mantinha plantéis de cinco cativos (Oliveira, 1997, p.83-4).
> os plantéis de 64,8% dos proprietários deste segundo período [1875/85] tinham entre um e cinco cativos. Entre estes, 14,8% possuíam apenas um escravo; 23,6% dois; 17,8% três, e 8,9% dos senhores possuíam 5,8 escravos. Não encontramos proprietários com plantéis constituídos por cinco escravos. (ibidem, p.87)

Em conjunto com os dados obtidos a partir dos inventários, duas outras fontes podem ser consideradas para a análise da posse de escravos em Franca. A primeira consta de um mapa de habitantes da Vila Franca relativo ao ano de 1852 e de uma lista parcial de proprietários do mesmo ano,[16] os quais confirmam que a maioria de senhores (52,8%) possuía entre um e cinco escravos em meados do século XIX. O segundo documento refere-se à lista dos proprietários de escravos de Franca em 1884 relacionados no *Edital da Coletoria Provincial por ocasião do lançamento da cobrança de tributos sobre cativos*.[17] Por meio desta relação foi possível calcular que 84,1% dos senhores possuíam entre um e cinco escravos poucos anos antes da abolição.

Todavia, como já anteriormente apontado, mesmo considerando a pequena quantidade de cativos possuídos por cada senhor, ao analisar a composição geral da riqueza em Franca, Oliveira destaca que a posse de escravos figurava como o principal elemento nos arrolamentos de bens dos inventariados do primeiro período (1822/1830) por ele considerado, e no segundo lugar entre as décadas de 1870 e 1880, quando foi superada pelo item *bens de raiz*.[18]

---

16 Ofícios Diversos Franca, lata 1021, pasta 1, documentos nº 15 A e B, de 1853, DAESP.

17 A mencionada lista foi publicada no jornal *O Nono Distrito* entre 15 de novembro e 20 de dezembro de 1884 (Hemeroteca do MHMF). Este documento me foi gentilmente indicado por Rogério Naques Faleiros.

18 No cômputo geral dos inventários compulsados por Oliveira produzidos entre os anos de 1822 e 1830, 96,8% registravam a propriedade de escravos; no

SENHORES DE POUCOS ESCRAVOS **43**

Assim, pode-se afirmar que a posse de escravos em Franca permaneceu pulverizada durante todo o século. Entretanto, Oliveira argumenta que, ao se estabelecer uma comparação entre o primeiro e o segundo períodos considerados, é possível verificar que o nível de disseminação da propriedade cativa entre os senhores diminuiu (1822/1830 – média de 4,8 cativos por senhor) em relação às declarações constantes nos inventários do período de 1875/1885 (média de 5,3 cativos por senhor). Se considerada a proporção de inventariados da primeira e da segunda metades do século, o número de proprietários de escravos cai pela metade na fase final do oitocentos.[19]

No entanto, para a análise aqui pretendida importam os possuidores de escravos. Entre eles, se a maioria manteve um número relativamente pequeno de cativos em suas propriedades — tanto pela natureza das atividades em que eram utilizados como pela sempre mencionada dificuldade de adquirir novos cativos de vultoso custo —, resta tentar investigar a proporção da parcela escrava na população de Franca em relação ao restante dos habitantes e, tanto quanto possível, compará-la com alguns dados relativos às demais escravarias da província de São Paulo.

A constituição de censos confiáveis manteve-se no horizonte do Estado português no período colonial, perpetuando-se como um objetivo sempre presente no decorrer dos processos de independência e construção do Estado imperial brasileiro. Neste esforço, de um lado guiado pelos interesses e projetos dos distintos grupos que se sucederam no poder, de outro limitado pelas dificuldades (grandes dimensões a ser cobertas com parcos recursos, omissões e

---

entanto, de 1875 a 1885 esse número desceu para 53,3% (Oliveira, 1997). Não se dispõem de informações suficientes para precisar a causa desta redução de possuidores de escravos, contudo os desdobramentos da questão servil, o aumento do preço de cativos, bem como o crescimento da população local no decorrer do século contribuíram para a ocorrência dessa alteração.

19 Cf. Oliveira, 1997. A temática do comércio local de escravos, diretamente vinculada a esta questão na perspectiva da transferência de cativos das pequenas propriedades para as lavouras exportadoras, após a proibição do tráfico internacional (1850), será abordada adiante.

44 RICARDO ALEXANDRE FERREIRA

sonegações motivadas pelo temor em relação ao fisco e aos recrutamentos militares, entre outros) encontradas na execução de cada contagem, foram sendo produzidas diversas listas parciais da população que culminaram em 1872 com aquele que, apesar de "problemas pontuais", se apresenta — nas palavras de Tarcísio Rodrigues Botelho (1998) — como o *melhor levantamento demográfico do século XIX*.

Assim, lidando com informações fragmentárias e de compreensão bastante complexa, uma vez que não se referem exatamente ao mesmo conjunto de localidades reunidas sob a denominação Franca (sertão, distrito, freguesia, vila, município, termo e comarca), torna-se muito complicado estabelecer hipóteses a respeito da variação dos dados disponíveis para cada ano em termos absolutos. No entanto, é possível considerar que a região apresentou, *grosso modo*, 26% de escravos[20] no total de sua população até o início do último quartel do século XIX (ver Tabela 4). Para os anos restantes, com exceção de 1836, só foi possível verificar a população de cativos registrada nas listas de matrícula de escravos, cuja elaboração havia sido regulamentada pela Lei do Elemento Servil de 1871 (ver Tabela 5).

Especificamente em relação a 1836, na organização da população cativa das 46 localidades consideradas por Daniel Pedro Müller em seu *Ensaio d'um quadro estatístico da Província de São Paulo*, para o ano de 1836, em ordem decrescente, Franca figura em nono lugar, ou seja, próxima das regiões que na segunda metade do século XIX iriam concentrar as maiores populações de escravos de toda a província de São Paulo, tais como Bananal (oitava colocada em 1836). Contudo, é preciso lembrar que este número só apresentou validade até 14 de março de 1839, quando o município de Franca perdeu para a então recém-criada vila de Batatais um conjunto de localidades que atualmente compõem doze cidades, e com ele toda a população que ali vivia (Santos, 1991).

---

20 Analisando documentação diversa, Aparecida da Glória Aissar (1981) constata uma proporção semelhante entre livres e escravos na população de Franca na primeira metade do século XIX.

SENHORES DE POUCOS ESCRAVOS 45

Tabela 4 – Variação porcentual da população cativa na região de
Franca[21] entre 1778 e 1879

Ano	População escrava	%	População livre	%	Total
1778	51	29,1	124	70,9	175
1791	48	22,3	167	77,7	215
1793	107	23,6	345	76,4	452
1803	86	12,4	604	87,6	690
1804	172	20,4	671	79,6	843
1813	704	28,1	1.793	71,9	2.497
1814	783	27,6	2.049	72,4	2.832
1824	1.853	31,8	3.974	68,2	5.827

---

21 Para que seja possível compreender a região abarcada pelos dados dispostos na Tabela 4 é preciso considerar sua progressão anual em relação ao desenvolvimento do Sertão do Rio Pardo, freguesia, vila, município, termo e comarca de Franca. Os números relativos ao período compreendido entre 1778 e 1804 referem-se à região denominada Sertão do Rio Pardo, bastante vasta e esparsamente povoada, cujos habitantes localizavam-se principalmente em fazendas e pousos. A partir de 1804 verificou-se um adensamento do povoamento mineiro para a região, a criação do distrito do Rio Pardo até o Rio Grande e no ano seguinte da *freguesia de Nossa Senhora da Conceição da Franca Sertão do Rio Pardo*, ocupando uma região que só se tornaria administrativamente autônoma em 1824, com a construção da vila Franca do Imperador. Os dados relativos ao ano de 1834 referem-se à divisão de caráter judiciário denominada *termo da Vila Franca*, que nesse período apresentava uma abrangência territorial semelhante à do município de Franca, compreendido por distritos da Vila Franca, Arraial do Carmo, Arraial de Cana Verde e Arraial de Cajuru. O ano de 1836 refere-se à mesma região, uma vez que Daniel Pedro Müller também tomou como parâmetro a divisão judiciária da província. Da mesma maneira, a população indicada para o ano de 1843 refere-se à divisão judiciária, porém de acordo com as novas configurações da então recém-criada 7ª Comarca da Província de São Paulo, da qual o termo de Franca abrangia os distritos das vilas Franca do Imperador e Batatais. Já os números relativos aos anos de 1853 e 1854 restringem-se respectivamente às dimensões da Freguesia e da vila Franca, e por fim, o ano de 1879 refere-se a todo o município da vila Franca, o qual, naturalmente, até o fim do século diminuiu de tamanho e população cativa à medida que os povoados a ele ligados foram se tornando administrativamente autônomos.

46 RICARDO ALEXANDRE FERREIRA

Continuação

Ano	População escrava	%	População livre	%	Total
1826	2.224	33,5	4.398	66,5	6.622
1834	3.085	30,1	7.167	69,9	10.252
1836	3.443	32,3	7.224	67,7	10.667
1843	2.349	28,6	5.860	71,4	8.209
1853	1.728	28,9	4.248	71,1	5.976
1854	1.651	31,7	3.541	68,3	5.192
1879	2.598	16,1	13.555	83,9	16.153

Fonte: Ver nota.[22]

Como poderá ser verificado adiante, o fato de o número de escravos no município de Franca ter diminuído no decorrer da segunda metade do século XIX deveu-se mais às emancipações das localidades dela administrativamente dependentes e ao aumento das alforrias no final do oitocentos do que a um expressivo fornecimento de cativos para as regiões de *plantation* após o encerramento legal (1850) do tráfico transoceânico.

---

22 Os índices de população compreendidos entre 1778 e 1824 foram obtidos a partir do Quadro XV em Chiachiri Filho, 1986, p.178. O ano de 1836 consta em Müller, 1978, p.139. O número total da população de Franca apontado pelo autor é de 10.664 habitantes; no entanto, ao apresentar os dados agrupados por faixas etárias e condição social, é obtida a soma de 10.667 pessoas. Os dados relativos ao ano de 1879 foram extraídos do "Quadro Eleitoral dos Municípios e Paróquias da Província [de São Paulo] até 1879", constante no relatório do presidente da província de São Paulo de 13 de janeiro de 1881, o qual se encontra digitalizado e disponibilizado no *site* da Universidade de Chicago: http://wwwcrl- jukebox.uchicago.edu/bsd/1025/000277.html. Todos os demais anos foram relacionados em ofícios enviados pelas autoridades de Franca à Presidência da província de São Paulo e encontram-se lotados no Arquivo Público do Estado de São Paulo com a classificação de Ofícios Diversos de Franca, a saber: ano de 1826, lata 1017, pasta 1, documento 43; ano de 1834, lata 1018, pasta 2, documento 16; ano de 1843, lata 1020, pasta 1, documento 82 A; ano de 1853, lata 1021, pasta 1, documento 15 A; ano de 1854, lata 1021, pasta 1, documento 114 A.

SENHORES DE POUCOS ESCRAVOS **47**

Tabela 5 – Posição da população cativa de Franca em relação às outras localidades da província de São Paulo no século XIX

Ano de referência	Número de localidades consideradas	Posição de Franca em relação ao restante da província de São Paulo	Número de escravos
1836	46	9º	3.443
1873	81	15º	3.436
1880	85	12º	3.272
1883	108	22º	2.497
1886	110	25º	2.174
1887	114	28º	1.283

Fonte: Ver nota.[23]

Assim, considerando o conjunto de elementos até aqui compulsados, é possível afirmar que, em sua maioria vindos com seus senhores de Minas Gerais, os cativos que viveram no município de

---

23 A relação dos escravos existentes na Província de São Paulo em 1836 foi consultada em Müller, 1978. O posicionamento de Franca em relação às outras localidades foi obtido por meio da sistematização em ordem decrescente da soma dos dados constantes na "Tabela nº 5 – População da Província – Cidade e Vilas – Classificação por Idades", p.132-47. Os demais anos foram obtidos a partir das relações de escravos matriculados nos municípios da Província de acordo com as determinações da lei de 28 de setembro de 1871 (conhecida como *Lei do Elemento Servil* ou *do Ventre Livre*). O ano de 1873 consta em LUNÉ, Antonio José Baptista, FONSECA (Org.) *Almanak da Província de São Paulo para o ano de 1873* (1985, p.172 e 173). Os anos seguintes foram pesquisados em relatórios dos presidentes da província de São Paulo disponibilizados no *site* da Universidade de Chicago: 1880, relatório 1025 de 13/01/1881, em: http://wwwcrl-jukebox. uchicago.edu/bsd/1025/000121.html; 1883, relatório u1133 de 13/08/1883, em: http://wwwcrljukebox.uchicago.edu/bsd/bsd/ 1031/000036.html; 1886, relatório 1031 de 17/01/1887, em: http://wwwcrljukebox.uchicago.edu/bsd/ bsd/1031/000036.html e http://wwwcrljukebox.uchicago.edu/bsd/bsd/ 1031/000037.html; por fim, 1887, relatório 1032 BN de 10/01/1888, disponível de http://wwwcrljuebox.uchicago.edu/bsd/bsd/1032/000014.html até http://wwwcrljukebox.uchicago.edu/bsd/bsd/1032/000018.html.

48   RICARDO ALEXANDRE FERREIRA

Franca trabalhavam em variadas atividades, predominantemente ligadas ao ambiente rural, sozinhos ou em pequenos grupos, muitas vezes acompanhados pelos senhores e por outras pessoas livres de variados setores sociais. Seu número era pequeno em relação à população livre, porém significativo na composição da riqueza dos proprietários.

O problema da criminalidade escrava: Franca e outras regiões no desenrolar do oitocentos

Com o desenrolar do século XIX os debates a respeito da substituição da mão de obra cativa se acirraram. A intensificação dos crimes cometidos por escravos após o final do tráfico internacional, sobretudo a partir de meados da década de 1860, em regiões de predomínio das *plantations* do Sudeste brasileiro, tornou-se um argumento recorrentemente utilizado em debates parlamentares, relatórios e ofícios administrativos.

Interessados em desvendar as relações entre a criminalidade escrava e a participação ativa dos cativos no processo de abolição, alguns autores (Azevedo, 1987; Chalhoub, 1990; Machado, 1987, 1994; Mattos, 1998; Wissenbach, 1998) retomaram em conjunto os argumentos de políticos e as evidências registradas em processos criminais de diferentes áreas. O resultado deste debate possibilita integrar um elemento fundamental para a compreensão da relação entre senhores e escravos em Franca, ou seja, o nível de preocupações que poderiam ser despertadas nos senhores locais mediante uma possível percepção recorrente de ataques de cativos.

A primeira hipótese aventada para o aumento dos delitos de escravos explica que, após o fim do tráfico transatlântico, as grandes unidades produtoras — principalmente as cafeeiras — verificaram uma grande defasagem de mão de obra que obrigou os senhores a recorrer ao tráfico interprovincial, comprando escravos de pequenos proprietários e, principalmente, os que vinham do Nordeste do país. Estes escravos, acostumados a ritmos específicos de vida em

SENHORES DE POUCOS ESCRAVOS   **49**

suas regiões de origem, mostravam-se revoltados tanto com os novos critérios de trabalho como em razão das relações familiares destruídas, tais como casais separados e filhos retirados de suas mães. Este dado, associado ao número cada vez maior de braços necessários para o trabalho, teria estimulado as solidariedades entre os cativos, que em resposta a esta situação cometiam crimes contra senhores, feitores, administradores e logo após, em muitos casos, iam entregar-se à polícia.

Entretanto, de acordo com Maria Helena Machado, a temática da criminalidade repousou em um conflito muito mais complexo do ponto de vista das questões da autonomia escrava e da problemática do trabalho fiscalizado no processo de transição. Assim a autora sintetiza seus argumentos:

> Por um lado, o sistema disciplinar das fazendas, na medida em que exigia ritmos de trabalho cada vez mais concentrados, sobretudo nas áreas em que a cafeicultura expandia-se, como as novas regiões a oeste, tendia a engolir as margens de autonomia dos plantéis. De outro, porém, os grupos de escravos passavam a reivindicar, mais e mais abertamente, o cumprimento daquilo que se percebia como obrigações senhoriais. Um ritmo de trabalho próprio ao grupo, a injustiça dos castigos, os direitos a folga semanal, a alimentação, o vestuário, o recebimento de estipêndios pelo trabalho realizado a mais e a manutenção de uma economia independente na forma das roças de pequeno comércio foram, muitas vezes, os argumentos que em seu conjunto justificaram os ataques violentos dos plantéis contra os senhores e feitores. (1994, p.25)

Numa perspectiva divergente, Hebe Maria Mattos de Castro retoma a questão e, de posse das análises de estudos que lhe antecederam, bem como das fontes por ela privilegiadas, apresenta sua argumentação:

> Não se pode tirar nenhuma inferência de apenas poucos casos de que os cativos comprados no tráfico interno tivessem uma propensão ao assassinato de senhores e feitores maior ou menor do que os outros escravos. ... Parece-me mais lógico supor que a agressão violenta a estes,

especialmente aos feitores, permaneceu sempre uma possibilidade inerente à própria violência estrutural da dominação escravista, contida, entretanto, em limites suportáveis. O que se destaca é o caráter específico que as agressões aos feitores e senhores tomavam quando escravos que conheceram outras experiências de cativeiro eram os seus autores. (1998, p.156)

Mesmo com significativas diferenças em suas abordagens, análises e conclusões, os autores concordam que a incidência de delitos perpetrados pelos cativos aumentou após o fim do tráfico nas regiões onde predominavam as grandes lavouras monocultoras, em última instância pela confluência em maior ou menor grau dos aspectos ressaltados por cada um.

No entanto, no que se refere às localidades onde a economia predominante não era a da grande lavoura e o número de cativos era menor, pode-se observar o movimento inverso, ou seja, um decréscimo do número de crimes cometidos no decorrer das últimas décadas até o fim da escravidão. Esta tendência foi apontada por Maria Cristina Cortez Wissenbach ao estudar a criminalidade envolvendo escravos e libertos na comarca de São Paulo a partir da década de 1850. De acordo com a autora,

enquanto a criminalidade escrava nos distritos de produção cafeeira aumentou significativamente — e em direções esclarecedoras para a visualização das tensões implícitas à escravidão —, o registro das ocorrências judiciárias-criminais na comarca de São Paulo, referentes aos crimes praticados por escravos, não só diminuiu progressivamente no mesmo período, como também demonstrou direções particulares. (1998, p.44-5)

Os dados de mesma natureza relativos a Franca (ver Tabela 6) apresentam em seus valores totais o mesmo decréscimo verificado por Wissenbach em relação a São Paulo. *Grosso modo*, os números permanecem constantes, mas pode-se verificar a diminuição de dezoito crimes na década 1850 para dez na de 1880.

Tabela 6 – Tipologia dos delitos cometidos por cativos em Franca (1830-1888)

Delito	Décadas						Total	%
	1830	1840	1850	1860	1870	1880		
Contra a pessoa								
Homicídio	6	3	5	5	4	3	26	34,2
Ferimentos	2	3	5	5	5	1	21	27,6
Tentativa de homicídio	—	4	—	1	2	—	7	9,3
Rapto e estupro	1	—	1	1	—	2	5	6,6
Injúria	—	—	1	—	—	—	1	1,3
Subtotal	9	10	12	12	11	6	60	79,0
Contra a propriedade								
Roubos e furtos	1	—	3	—	—	2	6	7,9
Estelionato	—	—	—	1	—	—	1	1,3
Invasão de domicílio	—	—	—	1	—	—	1	1,3
Dano (incêndio criminoso)	—	—	—	—	1	—	1	1,3
Subtotal	1	—	3	2	1	2	9	11,8
Contra a ordem pública								
Porte de armas proibidas	—	—	2	—	—	—	2	2,6
Insurreição	—	—	—	1	—	—	1	1,3
Resistência	—	—	1	—	—	—	1	1,3
Subtotal	—	—	3	1	—	—	4	5,2
Outros tipos	—	—	—	1	—	2	3	4,0
TOTAL	10	10	18	16	12	10	76	100,0

Fonte: Cartório do 1º Ofício Criminal de Franca, Processos Criminais 1830-1888, AHMUF.

Uma abordagem metodologicamente prudente sugere que esses números não sejam tomados de forma absoluta, no entanto, deve-se considerar que, na análise dos crimes cometidos por escravos — mesmo verificando-se que a tendência geral dos senhores foi tentar de todas as formas burlar a ação das autoridades —, atentados mais sérios, sobretudo os homicídios, acabaram por culminar em processos criminais (Machado, 1987). Mesmo assim, estes não aumentaram consideravelmente em Franca após o fim do tráfico internacional.

É possível fazer alguns questionamentos: Quais as razões desta ocorrência em Franca? Ela estaria imediatamente vinculada ao fenômeno da venda de escravos para as regiões de grandes lavouras, em virtude da falta de mão de obra e do consequente aumento dos preços pelos quais eram vendidos os cativos após o final do tráfico internacional?

No tópico anterior iniciou-se uma aproximação com tais questões, porém acredita-se que algumas informações para a elucidação destes questionamentos estão nos dados levantados por Dimas José Batista, referentes aos contratos de compra e venda e também às cartas de alforria de cativos registradas em Franca no século XIX.

Talvez em decorrência de limitações impostas pelas fontes o autor não apresente o número de escravos vendidos pelos senhores residentes em Franca para cada localidade separadamente, privilegiando o volume geral de transações efetuadas. Ainda assim, podem-se verificar mudanças bastante significativas no comércio de escravos em Franca no período por ele estudado.

De acordo com Batista, o número de escrituras de compra e venda de cativos subiu de 58 entre 1828 e 1859 para 285 entre 1860 e 1870, num total de 709 transações efetuadas até o final da escravidão. Ou seja, aumentou aproximadamente 490% no mesmo período em que a criminalidade caiu de dezoito para dezesseis crimes. Contudo, de acordo com o autor, do número total de escrituras por ele pesquisadas (709), apenas 9,30% referem-se a transações efetuadas para outras cidades da província de São Paulo, o que inviabilizaria a hipótese de Franca ter se inserido expressivamente no quadro de pequenos proprietários que venderam seus escravos para as regiões de grandes lavouras. No que tange aos outros negócios registrados, 65,72% referiram-se a transações que o autor denominou *intramunicipais* (dentro do município de Franca), e o restante foi de negócios realizados para as demais províncias.

Desta maneira, tomando por base os dados expressos por Batista, verifica-se que enquanto outras regiões, após a década de 1850, apresentaram tendência a aumentar ou diminuir o número de cativos em função do tráfico interprovincial, em Franca, apesar de aumentarem as transações, em sua maioria tratou-se de negociações realizadas dentro do próprio município. Contudo, uma ressalva é necessária, pois, como enfatizam Manolo Florentino e José Roberto Góes referindo-se ao Brasil do século XIX , "nossas fontes comerciais são muito esparsas, já que aqui os registros de compra e venda de escravos só se tornaram comuns a partir da década de 1860, quando se criaram livros próprios para este fim" (Florentino & Góes, 1997, p.115-6). Tal fator, por um lado, explicaria em parte o significativo aumento de registros de negociações de cativos verificados por Batista a partir dos anos 1860; por outro, pode tornar questionável o porcentual de escravos vendidos para cada destino antes daquela década, considerando-se apenas as escrituras de compra e venda.

Ainda assim, diante dos dados disponíveis, mostra-se mais plausível a hipótese de que a criminalidade escrava ativa em Franca permaneceu relativamente constante, pelo menos no concernente aos processos compulsados, em virtude de uma possível tendência das compras e vendas de escravos manterem-se predominantemente restritas aos limites do município. Assim, mesmo qualificando Franca como uma região de reduzido número de cativos, podem-se admitir distinções em relação tanto a centros de maiores escravarias como a outras *localidades dotadas de poucos escravos*, o que contribuiria para um melhor dimensionamento da própria ideia de *localidades dotadas de poucos escravos*.

Soma-se assim, ao entendimento da relação entre senhores e cativos no município de Franca, a relativa constância nos padrões da criminalidade escrava. Acredita-se contar agora com um conjunto

54 RICARDO ALEXANDRE FERREIRA

suficiente de elementos para abordar os crimes praticados entre senhores e cativos, na tentativa de deslindar algumas facetas do cotidiano destes indivíduos.

Senhores e seus poucos escravos:
o cotidiano na roça

Os processos criminais considerados permitem a análise de alguns vestígios da relação direta mantida entre senhores e escravos no município de Franca. Em razão da natureza das fontes compulsadas, emergem elementos de soluções muitas vezes finais, momentos de violência que representaram o rompimento de relações possivelmente antecedidas por acertos — convencionados de maneira verbal ou não — entre os senhores e os cativos cotidianamente e agravadas, em muitos casos, pela ausência de mediadores (feitores, administradores ou capatazes).

Infere-se que no município de Franca estes acertos, às vezes velados e pouco perceptíveis, permeavam aspectos diversos da vida dos cativos — do trabalho às relações amorosas, passando por furtivas andanças, momentos da aplicação de castigos, atitudes tomadas pelos escravos diante do poder senhorial ou ignorando a sua existência. Situações aparentemente tidas como irregulares, que aos olhos dos envolvidos passaram por algum tempo como não sabidas, toleráveis ou sem importância, tendendo potencialmente a alargar-se até acabarem em desfechos cruentos.[24]

Nas regiões de grandes lavouras, principalmente no Oeste paulista, o século XIX teria sido marcado por um progressivo absenteísmo dos senhores, que teriam passado a residir nas cidades, deixando

---

24 O desenvolvimento desta hipótese inspira-se de um lado na análise de todos os processos criminais disponíveis que registraram crimes praticados entre senhores e escravos em Franca e, de outro, se apoia na ideia do *crime limite* como um referencial modelar útil. Ver Machado, 1987, 1988. Também: Reis & Silva, 1989.

em suas propriedades os mediadores de suas relações com os cativos. No entanto, Maria Helena Machado detecta, em relação às regiões de Campinas e Taubaté, que o número de processos criminais em que os escravos vitimaram seus senhores apresentou-se relativamente semelhante ao de delitos praticados contra os feitores e capatazes, indicando que a asserção do absenteísmo dos senhores carecia de uma melhor análise e matização (Machado, 1987).

Em Franca o café só se instalaria a partir do quarto final do oitocentos, seguido pela chegada dos imigrantes e da ferrovia. Nesse período, a mão de obra cativa que sempre existiu em proporções modestas não sofrera significativas mudanças em seus padrões, com a maioria de pequenos proprietários e alguns casos de senhores com posses médias e grandes de cativos — a maior, nos anos 1880, pertencia ao major Manoel Claudiano, com quarenta cativos em 1884.[25]

Contudo, além de representar uma pequena parcela dos proprietários de escravos locais, o major possuía mais de uma fazenda, entre as quais provavelmente os cativos eram distribuídos de acordo com as necessidades do trabalho. Ademais, como será exposto adiante, mesmo com a maior escravaria da localidade, foi durante a vigilância do trabalho de alguns escravos que Claudiano perdeu um de seus filhos.

Assim, verificou-se em todo o período abrangido pelos processos pesquisados a constância de senhores sempre muito próximos dos locais de trabalho e pessoalmente envolvidos durante a aplicação de castigos.

Em meados do mês de fevereiro de 1838, José Rodrigues da Costa dirigiu-se à sua roça com a finalidade de prender um dos escravos que lhe pertenciam para castigá-lo, por motivos que não foram explicitados nos autos. Chegando lá, foi em busca do escravo Adão (que levaria o corretivo) e tentou amarrá-lo. Porém, na mesma

---

25 Edital da Coletoria Provincial por ocasião do lançamento da cobrança de tributos sobre cativos. Publicado no jornal *O Nono Distrito* entre 15 de novembro e 20 de dezembro de 1884 (Hemeroteca do MHMF).

ocasião estava presente outro escravo de propriedade do mesmo senhor (Anselmo, irmão de Adão) que, diante da cena, atingiu José Rodrigues pelas costas com uma bordoada. Só então, vendo-se em uma situação de perigo, o senhor gritou por socorro a outro escravo — também de sua propriedade — de nome Domingos; este, no entanto, negou-se a ajudar. Mesmo assim, José Rodrigues conseguiu desvencilhar-se dos cativos sem maiores traumas físicos. Demonstrando entender as possíveis punições ainda mais severas advindas da agressão que acabavam de cometer perante a autoridade senhorial, os cativos imediatamente solicitaram seu perdão.

No outro dia, o senhor permitiu que os escravos fossem normalmente trabalhar na roça, porém saiu à procura de homens para ir buscá-los com o fim de cumprir o castigo anteriormente frustrado. Desse modo, com a ajuda de quatro indivíduos, José Rodrigues prendeu os escravos, desta vez sem resistência, e os levou até a casa do chefe de polícia para serem açoitados.

Os fatos ainda estavam incompletos, pois, durante o castigo, novos crimes aconteceriam, e a respeito destes narrou João Borges de Gouveia, liberto que vivia de agências e foi convocado para castigar os cativos:

> Disse ele testemunha ... que estando em sua casa chegou o Cabo policial Modesto Ferreira e ali o notificou da ordem do Comandante de Polícia Antonio Borges de Gouveia para ele testemunha ir a casa deste açoitar a três escravos de José Rodrigues da Costa ... chegando lá ao açoitar um de nome Anselmo, *com os açoites que supõe serem da Lei, porém ele testemunha não sabe por que não os contou*, e acabando quando foram soltar este os outros escaparam, a saber: Domingos crioulo da mão dele testemunha e Adão pardo da de seu senhor dito Costa. Ao correr Adão seu senhor deu-lhe um tiro, cujos ferimentos constam no auto retro (auto de corpo de delito) ... na noite do mesmo dia da fuga dos escravos, o sobredito José Rodrigues da Costa, por ordem do dito comandante Gouveia, levou a ele testemunha para o caminho da roça, ambos com espingardas, para esperarem ao escravo Domingos ... [ficaram] ambos dentro do valo da porteira, no escuro, quando veio vindo o dito escravo Domingos somente com quatro canas na mão [existia a suspeita de o

SENHORES DE POUCOS ESCRAVOS **57**

escravo estar carregando uma pistola], e logo o senhor deu um tiro no dito Domingos e depois é que gritou que [se] entregasse à prisão, o que o escravo fez foi correr deixando as canas no chão, e o dito Costa gritando a ele testemunha que atirasse também, o que não fez ...[26]

Depois de levar o tiro, o escravo Domingos tentou fugir, mas foi capturado. O tiro disparado pelo senhor acertou uma das pernas do cativo, que foi amputada pelo cirurgião que o atendeu. No auto de corpo de delito procedido em Domingos, os peritos avaliaram o dano causado ao escravo em 200$000 — 200 mil réis.[27]

No processo, tanto José Rodrigues da Costa, por ter dado os tiros em seus escravos, como o cativo Anselmo, pela bordoada que aplicou em seu senhor, foram pronunciados, porém o júri decidiu não existir matéria para acusação. O juiz mandou que os réus fossem soltos.

Na maioria dos 17,2% (ver Tabela 7 — Delitos cometidos contra os senhores somados aos que vitimaram senhores moços) de crimes em que os cativos vitimaram seus senhores em relação ao total de delitos registrados nos processos compulsados, verifica-se — diferentemente do posicionamento dos mesmos senhores como autoridades constituídas (delegados, vereadores, juízes de paz, entre outros) — uma ausência significativa de precaução quando tratavam direta e diariamente com os cativos por eles submetidos.

No caso que envolveu José Rodrigues da Costa e seus escravos, esta aparente subestimação senhorial quanto à capacidade de união de seus cativos para repelir a tentativa da aplicação do castigo culminou simultaneamente na deformidade física de uma pessoa e todos os transtornos a ela causada e na perda de significativa quantia em dinheiro representada pelo escravo aleijado que dali em diante não poderia mais desempenhar a maioria de suas atividades diárias.

---

26 Cartório do 1º Ofício Criminal de Franca, Processo nº 192, cx. 07, folhas 9 e 10, 1838, AHMUF. Itálicos nossos.

27 De acordo com processos de inventário do mesmo ano do crime (1838), relativos ao Cartório do 2º Ofício Cível, lotados no AHMUF, o preço de um escravo em idade produtiva era de aproximadamente 500$000.

58 RICARDO ALEXANDRE FERREIRA

Tabela 7 – Condição social das vítimas de delitos cometidos
por cativos em Franca (1830-1888)

Vítimas	Décadas						Total	%
	1830	1840	1850	1860	1870	1880		
Livres								
Senhor	3	1	1	1	5	1	12	14,8
Senhor moço	—	—	1	—	—	1	2	2,4
Outros livres	5	7	10	9	4	7	42	51,9
Subtotal	8	8	12	10	9	9	56	69,1
Escravos								
Familiares do réu	1	—	—	1	3	—	5	6,2
Outros escravos	4	3	2	4	—	2	15	18,5
Subtotal	5	3	2	5	3	2	20	24,7
Libertos								
Subtotal	—	—	1	2	2	—	5	6,2
TOTAL	13	11	15	17	14	11	81	100,0

Fonte: Cartório do 1° Ofício Criminal de Franca, Processos Criminais 1830-1888, AHMUF.

Em meados do século XIX, a maioria dos escravos indiciados como réus haviam nascido no município de Franca ou migrado com seus senhores de Minas Gerais para as localidades onde mais tarde trabalhariam (ver Gráfico 1).[28]

---

28 O Gráfico 1 foi construído para a elaboração de um perfil demográfico dos cativos que se envolveram em delitos no município de Franca. Em relação aos escravos indiciados como réus, conta-se com 62% de informações declaradas, as quais apresentam validade para a análise empreendida, sobretudo se somadas à tendência mais geral do povoamento da região — com predomínio de migrantes mineiros — e à preponderância de transações internas ao município no comércio de escravos. Entretanto, os escravos arrolados como vítimas raramente prestavam informações de qualificação nos processos, o que dificulta a consideração dos dados disponíveis.

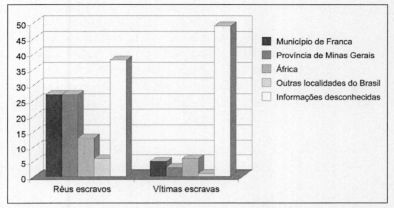

Figura 2 – Naturalidade dos escravos indiciados como réus e arrolados como vítimas no município de Franca entre 1830 e 1888.
Total de escravos considerados: 175. Fonte: Cartório do 1º Ofício Criminal de Franca, Processos Criminais 1830-1888, AHMUF.

Esta convivência prolongada com os proprietários pode ser um dos motivos deste "descuido". A outra possibilidade reside na consciência exacerbada por parte dos senhores em relação ao grau de autoridade do qual estariam investidos e que, por outro lado, os cativos pareciam estar prontos a limitar com pequenos atos de desobediência ou mesmo respostas e ações violentas.

No dia 12 de junho de 1854, por volta das quatro da tarde, no distrito de Santa Rita, termo de Franca, o escravo Adão, pertencente a Margarida Maria Lacerda, feriu com uma faca seu senhor moço Antonio Gomes de Carvalho.

João Correia de Faria, proprietário da casa que se transformou em cenário do crime, relatou no processo que, após chegar à sua residência para o jantar, recebeu a visita do réu Adão, que dizia estar ali com o fim de pagar cinco cobres devidos à esposa de João Correia. Convidado para jantar, o cativo Adão teria aceitado e tomado ainda alguma cachaça. Quando Adão preparava-se para ir embora foi surpreendido pela voz de Antonio Gomes, seu senhor moço, que chegara naquele momento ao local:

60 RICARDO ALEXANDRE FERREIRA

"que andas fazendo aqui crioulo", e ele respondeu: "vim pagar alguns cobres que estou devendo", e ele [o senhor moço] lhe disse: "não pode vir a noite estás comendo o dia a vadiar", e o réu respondeu: "eu posso pagar o dia", e então o senhor moço disse: "Ah ainda falas", e pegando um rodo que estava no chão deu uma bordoada com ele na cabeça do réu e este aparando a bordoada com o braço puxou a faca que ele testemunha viu ... e deu a facada no senhor moço debaixo do braço esquerdo a qual lançou bastante [sangue] que chegou a correr pela perna ...[29]

Visando, no entanto, não sofrer maiores prejuízos financeiros com a ação das penalidades previstas na lei em relação ao escravo, a vítima providenciou uma "Escritura de perdão":

convencido e firme que o escravo Adão quando o ofendeu e feriu não estava em seu juízo perfeito, pela embriaguez em que estava ... pois do contrário não era capaz de praticar semelhante malefício em vista de ter sido criado junto com ele perdoante e ser muito humilde e de boa índole e condição, por isso dá o referido perdão ainda mesmo porque a ofensa foi nenhuma como disseram as testemunhas ... por isso lhe perdoa como de fato perdoado tem.[30]

Embora podendo sugerir o efetivo perdão concedido pelo senhor moço a seu cativo, a certidão de perdão se constituía num recurso jurídico facultado ao queixoso que desejasse desistir do processo, tornando-se assim finda a causa. Contudo, esse recurso não se aplicava aos delitos da alçada do promotor público (Cordeiro, 1888) entre os quais figurava o de atentar contra a vida, acusação que pesava sobre Adão, agravada pelo fato de figurar nos autos: crime do cativo contra o filho de seu senhor.[31]

Desta forma, com a negativa do promotor e a sustentação do juiz municipal, o réu foi incurso na última parte da lei excepcional de 10

---

29 Cartório do 1° Ofício Criminal de Franca, Processo n° 431, cx. 15, folhas 05 e 06, 1854, AHMUF.
30 Cartório do 1° Ofício Criminal de Franca, Processo n° 431, cx. 15, folha 12, 1854, AHMUF.
31 Lei excepcional de 10 de junho de 1835. Ver capítulo 2.

de junho de 1835, recomendando-se a permanência de sua prisão até o julgamento. Julgado, Adão foi sentenciado a receber duzentos açoites, que segundo o juiz deveriam ser aplicados em número de quarenta por dia.[32]

Consta dos autos que a pena foi integralmente cumprida, apesar de o escravo ter sido vendido para Antonio Machado Diniz antes de ser condenado. Passado algum tempo da ocorrência do crime, instruído o senhor do perigo financeiro representado por uma condenação judicial, a atitude era tentar vender o cativo ofensor rapidamente, antes que fosse preso e posteriormente conduzido às grades da cadeia, às galés ou mesmo ao patíbulo.

As andanças dos cativos que viveram em Franca, evidenciadas em grande parte dos processos compulsados, parecem confirmar o anteriormente mencionado acordo velado que a qualquer momento poderia ser *contestado* ou *revogado* por aqueles investidos do poder senhorial. De outro lado, observa-se que a imprudência do senhor foi prontamente repelida pelo cativo, passando este último, por isso, a figurar no *Rol dos Culpados* no município de Franca.

Embora mais recorrente, nem sempre a resposta cativa aos desacertos no cotidiano com os senhores era imediata ao ato violento sofrido. Os processos evidenciam delitos pensados tanto em relação a sua prática como à tentativa de escapar da punição decorrente. Como em outras localidades do país, ambas as formas de manifestação dos escravos permaneciam sempre possíveis, mas alguns senhores de poucos cativos não as levaram em conta.

Como se pode ver na Tabela 8, depois das facas (40,5%) e dos porretes (27%), as armas de fogo (20,3%) foram as mais utilizadas pelos cativos em atos criminosos, repetindo-se padrões semelhantes nos crimes sofridos, o que pode sugerir uma tendência geral da criminalidade local. Embora fossem, durante algum tempo, proibidas pelas posturas municipais, muitos escravos tinham acesso a armas

---

32 Determinação regulamentada pelo artigo 60 do Código Criminal do Império do Brasil de 1830.

de fogo por intermédio dos próprios senhores. Isto ocorria em duas circunstâncias principais: para o cometimento de crimes, de forma menos recorrente;[33] para que o cativo "corresse a roça", ou seja, vigiasse a propriedade do senhor de visitas não autorizadas.

Tabela 8 – Armas e instrumentos utilizados nos crimes e ocorrências em que os cativos figuram como réus e/ou vítimas no município de Franca (1830-1888)

Armas e instrumentos	Utilizados por cativos indiciados como réus	%	Utilizados nas situações em que os cativos figuraram como vítimas	%
Porrete	20	27,0	22	35,5
Faca	30	40,5	13	21,0
Arma de fogo	15	20,3	13	21,0
Chicote	—	—	6	9,7
Machado	2	2,7	3	4,8
Formão	2	2,7	1	1,6
Foice	2	2,7	1	1,6
Veneno	2	2,7	1	1,6
Enxada	1	1,4	—	—
Armadilha de caça	—	—	1	1,6
Ferro de marcar	—	—	1	1,6
Total	74	100,0	62	100,0

Fonte: Cartório do 1º Ofício Criminal de Franca, Processos Criminais 1830-1888, AHMUF.

O cativo José de Nação Congo foi acusado de tentar matar seu senhor. Estabeleceu-se o ato criminoso em virtude de haver sido disparado um tiro — por meio de um buraco feito na parede da casa da vítima (Antonio José de Barcelos, senhor do acusado) — na noite de 28 de janeiro de 1841, na fazenda Santo Ambrósio, localizada no distrito de Santa Bárbara, termo da Vila Franca do Imperador. O

---

33 Esta temática é aqui tratada especificamente no capítulo 2, tópico "Mando e parceria no cometimento de crimes".

SENHORES DE POUCOS ESCRAVOS **63**

tiro, que, segundo constou dos autos, visava Antonio José Barcelos não obteve sucesso, atingindo apenas um pau a pique da casa.

Inquirido como testemunha, José Bueno de Morais disse:

> que sabe por lhe dizer Manoel Camundá, escravo do dito Antonio José de Barcelos que quem deu o tiro foi seu parceiro José Congo, escravo do mesmo Barcelos para o fim de assassinar seu senhor e por errar não aconteceu, perguntou ele testemunha ao dito Manoel como sabia que seu parceiro José atirou a seu senhor. Respondeu ele o dito Manoel que tendo em sua casa uma espingarda carregada que lhe tinha entregado seu senhor para correr a roça, e que depois do tiro foi procurar a espingarda onde tinha guardado para entregar ao dono e não achou. [A arma] foi aparecer na senzala de seu parceiro José Congo, e já descarregada ... acontecido isto na noite de quinta-feira, no domingo seguinte seu parceiro José fugiu ...[34]

Ao ser interrogado, José Congo, acusado pela tentativa de morte do senhor, negou a autoria do disparo, justificando a suposta fuga por ele empreendida após o crime com a seguinte versão: ao dizer Manoel Camundá que ele, José Congo, era o criminoso, e em virtude deste fato seu senhor sofrer ameaças de homens que queriam comprá-lo por um preço inferior ao que valia, foi vendido a Matheus Ignácio de Farias, que teria pagado um preço justo. Portanto, não havia fugido, mas sim vendido para uma localidade distante.

Julgado, o réu foi condenado à pena de galés perpétuas. O novo senhor apelou a todas as instâncias possíveis, as quais negaram provimento aos recursos, indicando-se, por fim, a Relação de Pernambuco para dar o parecer final, a qual acatou o pedido de revisão do processo. Contudo, nos autos não consta se a sentença foi reformada ou cumprida, existe apenas uma menção feita pelo juiz corregedor afirmando que no Livro de Rol dos Culpados constava ter morrido o réu.

---

34 Cartório do 1º Ofício Criminal de Franca, Processo nº 219, cx. 08, folhas 04 e 05, 1841, AHMUF.

64 RICARDO ALEXANDRE FERREIRA

Um universo de supremacia masculina em relação ao número pequeno de rés e vítimas femininas foi constatado nos processos criminais envolvendo escravos em Franca (ver tabelas 9 e 10, a seguir). Ao estudar a criminalidade em São Paulo, num momento posterior ao deste trabalho (1880-1924), Boris Fausto observa que a mulher aparece nos processos criminais mais como vítima do que como autora, vinculada, muitas vezes, à vida afetiva; ela era com frequência instigadora ou pivô de crimes ligados à honra e às relações sexuais proibidas (Fausto, 1984).

Tabela 9 – Sexo de réus e vítimas arrolados em crimes cometidos por escravos em Franca (1830-1888)

Sexo	Réus escravos	%	Vítimas de escravos	%
Masculino	104	93,7	58	71,6
Feminino	7	6,3	23	28,4
TOTAL	111	100,0	81	100,0

Fonte: Cartório do 1° Ofício Criminal de Franca, Processos Criminais 1830-1888, AHMUF.

Tabela 10 – Sexo de vítimas e de réus arrolados em crimes sofridos por escravos em Franca (1830-1888)

Sexo	Escravos vítimas	%	Réus dos crimes praticados contra escravos	%
Masculino	48	75,0	59	89,4
Feminino	16	25,0	7	10,6
TOTAL	64	100,0	66	100,0

Fonte: Cartório do 1° Ofício Criminal de Franca, Processos Criminais 1830-1888, AHMUF

É possível afirmar que alguns aspectos desta observação coincidem com os processos envolvendo mulheres escravas em Franca no

SENHORES DE POUCOS ESCRAVOS **65**

oitocentos. A presença feminina nas fontes compulsadas confirma, em alguns casos, um mundo que os cativos construíam à margem do domínio senhorial, mas que poderia ser por ele atravessado a qualquer momento.

José escravo, indiciado como réu, foi descrito por uma das testemunhas como "robusto, de má índole e que talvez por não ter sido corrigido convenientemente por seus senhores [tornara-se] um tigre". O delito praticado por José não se voltou contra o seu próprio senhor, mas sim contra o proprietário da escrava Theresa, com quem ele mantinha relações amorosas havia algum tempo. Figurou como vítima Antonio Joaquim da Silva, morto com nove facadas.

Depois de cometido o crime, José evadiu-se, sendo preso na vila do Prata, província de Minas Gerais, onde confessou suas ações ao subdelegado local:

> refugiando-se conservou-se oculto até que soubesse que era morta a sua vítima, depois do que tratou de regressar para este Termo onde procurou ajustar-se com o título de forro, mudando seu nome próprio para o de José Antonio, onde conservou-se até o auto de prisão.[35]

Já em Franca, o réu foi novamente interrogado e, apesar de inicialmente negar, acabou confessando o crime:

> Perguntado como se deu o fato do conflito?
> Respondeu que na noite do acontecimento em uma sexta-feira ele interrogado foi à casa do assassinado, a escrava Theresa abriu-lhe uma janela, por ela entrou, foi a dispensa [sic] depositou em cima de uma tulha a faca, veio à cozinha e deitou-se a dormir com Theresa. À meia-noite mais ou menos foi ele interrogado acordado com uma bordoada que lhe deu o assassinado com um cabo de machado, estando iluminado por sua senhora, e erguendo-se foi de costas procurando o lado em que estava a faca e quando já [havia] chegado, D. Maria do Carmo com uma bordoada que lhe dera apagou a candeia e então ele pôde pegar na faca e

---

35 Cartório do 1º Ofício Criminal de Franca, Processo nº 850, cx. nº 33, folhas 36 e 37, 1876, AHMUF.

cravar no assassinado. Disse mais, sendo perguntado, que tinha ódio ao assassinado por causa de umas pancadas que o mesmo lhe havia dado a [sic] um ano mais ou menos.[36]

O pivô do crime foi Theresa, de 20 anos, solteira, cozinheira, escrava dos herdeiros do finado Antonio Joaquim da Silva, natural do termo de Franca e ali residente. Quando foi interrogada, a escrava acrescentou que havia seis ou sete anos, mais ou menos, o réu mantinha com ela relações ilícitas na casa de seu senhor. Ainda segundo Theresa, o escravo José tinha uma chave falsa com a qual penetrava na casa e ia até o seu quarto.

Segundo as decisões do júri, o réu foi condenado à pena de galés perpétuas, e seu senhor a pagar as custas do processo, que totalizaram 575$700 (575 mil e 700 réis). Novamente, custos pagos pela displicência dos senhores no trato com seus cativos.

Ainda relevantes quanto ao cotidiano de senhores e escravos no município de Franca, dois crimes coincidentemente cometidos por mulheres cativas contra respectivamente a esposa e o filho de seus senhores merecem uma abordagem comparativa. Os dois fatos, distantes temporalmente dezenove anos, apresentam importantes convergências quanto à capacidade destas cativas de tomar atitudes, ao que parece, bastante planejadas.

Na noite de quarta para quinta-feira (1° para 2 de julho de 1866), aproximadamente à meia-noite, no Chapadão, fazenda do Boi-Morto, no arraial de Santo Antonio da Rifaina, termo de Franca, um incêndio tomou conta da casa de D. Maria Theresa, que teria morrido vitimada pela ação das chamas. A certeza quanto à causa da morte foi suficiente para a não realização do auto de corpo de delito regulamentar, providenciando-se, assim, o sepultamento do corpo.

Contudo, a "voz pública" (termo recorrentemente utilizado nos autos) não concordava com a natureza acidental do crime, o que

---

36 Cartório do 1° Ofício Criminal de Franca, Processo n° 850, cx. n° 33, folha 33, 1876, AHMUF.

motivou o juiz de direito 1° suplente Simpliciano da Rocha Pombo a solicitar ao delegado a exumação do cadáver e a apuração dos fatos.

Exumado o cadáver, constatou-se que a vítima recebera uma forte pancada na cabeça, e esta sim havia sido o motivo da morte. Abriu-se então o processo, no qual inicialmente apurou-se que um mês antes do fato criminoso a escrava da casa, Maria Antonia (crioula), havia dado à luz uma criança parda. Sua senhora (a vítima) exigia saber quem era o pai e mais precisamente se era seu marido, prometendo castigá-la caso não dissesse, porém a escrava recusava-se a revelar quem era o genitor de sua filha.

Na noite do crime, a ré esperou D. Maria Theresa dormir em companhia de seus dois filhos menores, dirigiu-se ao quarto, pegou a tranca da porta e com ela atingiu violentamente a cabeça da vítima, que gritou e imediatamente morreu. Em seguida, utilizando-se de uma candeia que estava no quarto, colocou fogo na cama de sua senhora e gritou por socorro tão logo as chamas atingiram o leito.

Maria Antonia foi atendida pelo irmão menor da vítima, que dormia no quarto ao lado, e ajudou a cativa a retirar as crianças, ainda levemente chamuscadas, da cama em chamas. Quando os vizinhos chegaram para ajudar, a vítima já estava bastante queimada, bem como destruídos os cômodos da casa que não eram cobertos com telhas.

Esta versão dos fatos foi confessada pela própria ré e endossada por outras testemunhas, que no decorrer dos autos atestaram a antiga inimizade entre senhora e escrava. Porém, quase no final do processo, uma declaração da cativa Maria Antonia mudava todo o "perfeito" encadeamento dos fatos até então apurados:

> Perguntada se tem algum motivo particular a que atribua a acusação?
> Respondeu que seu senhor José Messias levou-a para a horta onde amarrou-a e começou a castigá-la para ela respondente dizer que foi ela a autora da morte, e que se assim dissesse ele havia de forrá-la ou de levá-la para casa de seu senhor velho ou ainda, para o sertão, e que então ela disse que foi ela a autora do crime por causa de sua filha ...

68 RICARDO ALEXANDRE FERREIRA

Perguntada se tem fatos a alegar ou provas que justifiquem ou mostrem a sua inocência?

Respondeu que é inocente, que nada fez e jurou por jurar.[37]

A mudança de confissão da ré não convenceu o júri, que a declarou culpada por maioria de votos. Condenada à morte pelo juiz de direito, de acordo com a lei de 10 de junho de 1835, teve no entanto a pena comutada em prisão perpétua.

Embora muito recorrente, é provável que nunca seja possível determinar se os réus mudavam seus depoimentos em virtude de torturas e outras "formas de convencimento" a eles impostas em uma primeira confissão ou se essa prática constava de uma estratégia dos defensores baseada na mais flagrante mentira. É necessário ressaltar, ainda, que o escravo não podia ser testemunha jurada nos processos-crime, apenas informante, ou seja, a validade ou não das informações por ele prestadas ficava a cargo da apreciação do juiz. O confronto destes depoimentos com provas materiais ou relatos de testemunhas juradas fazia que a fala do cativo em sua defesa (legalmente por meio de um curador), na maioria das vezes, fosse ineficaz. Porém, quando se tratava de confissões feitas em juízo pelos cativos acusados, a fala dos escravos apresentava grande validade.

No outro processo antes referido, a personagem central é a escrava Firmina.

Em 23 de novembro de 1885, na casa que abrigava a máquina de beneficiar café da fazenda Vanglória, propriedade do major Manoel Claudiano Ferreira Martins,[38] estava João Garcia Ferreira Martins (filho do dono da fazenda) costurando uma correia sobre a roda da máquina quando se desequilibrou e caiu no "caixão de separar café". Simultaneamente, em cima do rapaz despencou uma pesada

---

37 Cartório do 1º Ofício Criminal de Franca, Processo nº 659, cx. 24, folha 44,1866, AHMUF.

38 O mesmo mencionado anteriormente como o maior proprietário de escravos de Franca nos anos 1880, o que torna este crime também significativo para a análise, por tratar-se de um ambiente diferente daqueles em que a maioria dos delitos ocorreram. Uma fazenda de plantação de café com um maior número de cativos.

SENHORES DE POUCOS ESCRAVOS **69**

viga de madeira que se desprendera da "beneficiadora", atingindo-o mortalmente na cabeça. Em seguida, as escravas que trabalhavam no local correram para avisar o senhor, que, no entanto, não teve coragem de ver o filho morto. O rapaz foi sepultado no cemitério religioso da fazenda Jaborandy.

Um mês mais tarde houve um desentendimento entre duas escravas da Fazenda, Firmina e Ricarda, situação diante da qual a segunda cativa, acreditando-se resguardada sob o poder de seu senhor, relatou os fatos referentes à morte do senhor moço, incriminando Firmina como assassina. Exumado o cadáver no dia 28 de dezembro do mesmo ano, descobriu-se que a vítima havia falecido em razão de pancadas que tomara na cabeça. Apurou-se ainda que a posição em que o cadáver fora encontrado "no teatro do crime" não justificava a causa dos ferimentos constantes no auto de corpo de delito feito por ocasião da exumação.

Interrogada, a escrava Firmina — não é possível saber pelos autos se a escrava fora ou não torturada — confessou com detalhes o crime, que só veio a receber novos fatos na última confissão, quando a ré incriminou a escrava Ricarda como cúmplice na premeditação do fato criminoso.

Perguntada se conheceu um filho de seu senhor de nome João? Respondeu que conhecia e que já morreu.

Perguntada do que morreu esse seu senhor moço?

Respondeu que ela respondente o assassinara, dando-lhe com uma mão de pilão uma pancada sobre os ouvidos, com a qual caíra o mesmo ofendido, e que ela respondente, depois desta pancada estando o mesmo atirado ao chão já nas agonias da morte, ela respondente chamou sua companheira Ricarda para precipitá-lo no caixão do separador da máquina.[39]

Segundo as demais testemunhas do processo — na maioria informantes, por serem também cativas, pois as testemunhas juradas

---

39 Cartório do 1° Ofício Criminal de Franca, Processo n° 1160, cx. 54, folha 05, 1885, AHMUF.

apenas repetiram o que destas ouviram em razão de não terem presenciado o crime —, a vítima no momento do delito estava administrando o serviço das escravas na casa da máquina de beneficiar café, sentado em uma mesa de separação, quando Firmina aproximou-se sorrateiramente pelas costas do rapaz, armada com uma mão de pilão, e o matou como a própria ré já havia confessado. Em seguida, obrigou duas escravas menores (Graciana e Roza) a colocar o corpo no caixão separador de café. Aterrorizadas por terem presenciado o crime, as escravas cumpriram o que lhes fora mandado. Em seguida Firmina instruiu todos os atos para que tudo parecesse um acidente, obtendo sucesso até que a escrava Ricarda resolveu denunciá-la.

As testemunhas cativas e inclusive um ex-escravo (que mesmo alforriado permaneceu como agregado do antigo senhor) da fazenda afirmaram recorrentemente que seu senhor não lhes deixava nada faltar e só lhes dava bolos e relhadas quando não "trabalhavam direito", e que ele não havia castigado Firmina depois de saber que ela havia matado seu filho. Disseram ainda que a ré era comadre da vítima e que nunca haviam presenciado uma discussão séria entre eles. De acordo com alguns testemunhos dados por seus companheiros de servidão, a ré cometera o delito por maldade e propensão ao crime.

Em busca de uma justificativa para o acontecido, o juiz determinou que a escrava ré fosse submetida a um exame com a finalidade de apurar um possível "desarranjo mental", mas nada verificou-se de loucura na mulher. Segundo a própria Firmina no final de um de seus depoimentos, *no dia em que não reza o tinhoso atenta*. A escrava Firmina foi condenada à pena de morte, comutada em galés perpétuas e finalmente em *prisão perpétua com trabalho análogo ao seu sexo*.

Antes de expor os fatos referentes à Firmina, mencionou-se a existência de semelhanças entre este crime e o anterior, praticado pela cativa Maria Antonia. Acredita-se que a maior delas foi a capacidade de ambas conseguirem ocultar seus delitos por algum tempo, a ponto de serem necessárias as exumações dos dois cadáveres. Para que isso fosse possível, Firmina teve que montar a cena do crime coagindo outros cativos. Considerados de acordo com as versões expostas nos respectivos processos, estes dois crimes apontam comportamentos bastante calculados dos cativos que conviviam com momentos de imponderada reação violenta.

Num emaranhado potencialmente composto por interesses financeiros, disputas entre grupos políticos rivais, artimanhas jurídicas e os próprios recursos de sobrevivência dos cativos, é possível afirmar que estes momentos de violência, dispostos tecnicamente em peças criminais, não resumem em si toda a relação entre senhores e escravos no município de Franca, mas auxiliam fundamentalmente na tentativa de interpretar o cotidiano construído pelos envolvidos até tais desfechos.

Lidando diretamente com seus cativos, muitos senhores em Franca se expunham dia a dia às mais variadas demonstrações de revolta, as quais, talvez por não apresentarem mudanças abruptas no número de ocorrências — tal como ocorreu em outras localidades do país na segunda metade do século XIX —, podem ter estimulado nos senhores a ampliação de um repetido descuido e, em certa medida, a exacerbação da noção de obediência dos homens e mulheres escravizados. Porém, os cativos, por terem momentos diversos de suas vivências atravessados pela vontade de seus donos, agiram de maneiras variadas: das pequenas desobediências ao revide também violento, o que podia chegar em alguns casos até a preparação de atentados fatais.

Estabelece-se, portanto, neste capítulo, um indicativo de que as complexidades que envolviam os senhores e os escravos de uma localidade predominantemente rural dotada de poucos cativos não podem ser reduzidas a uma consideração geral a respeito de um cotidiano mais atenuado em relação aos das propriedades que concentraram números maiores de escravos.

Com características próprias ao local ativamente interligadas ao desenrolar da instituição escravista no restante do país, a relação entre senhores e escravos no município de Franca foi marcada pela luta de parte a parte para a manutenção de interesses próprios em variados momentos do cotidiano.

Tal como em áreas de predomínio das médias e grandes posses de escravos, a criminalidade constituía-se potencialmente numa via privilegiada para a intervenção de um outro poder na relação entre senhores e seus poucos escravos: a ação das autoridades — objeto central do capítulo seguinte.

2

SENHORES — AUTORIDADES — ESCRAVOS: O COTIDIANO VIGIADO E CONCEITUADO

Embora não se devam descartar os embates ocorridos no período colonial,[1] o século XIX no Brasil destaca-se pela presença de uma intromissão paulatina e cada vez mais efetiva de poderes externos e normativos na antiga relação pessoal estabelecida entre os senhores

---

1 Em sua análise dos senhores de engenho na sociedade baiana colonial, Stuart Schwartz afirma que esses homens indubitavelmente dispunham de elevado *status* e riqueza, além de controle de instituições locais e extensas redes de parentesco, constituindo-se no segmento mais poderoso daquela sociedade. No entanto, enfatiza que seria errado entender que sua autoridade fosse irrestrita em qualquer época ou a respeito de qualquer tema: "Após a fase inicial de desbravamento do território, no século XVI, a presença de administradores régios e da relação na Bahia estabeleceu certos limites aos senhores de engenho. Os funcionários da Coroa raramente interfeririam em questões de controle da escravaria, matéria em que os senhores de engenho o mais das vezes possuíam total liberdade; entretanto, as ações destes últimos eram restritas pelo governo régio quando conflitavam com o governo civil ou a administração da justiça. A capacidade da Coroa de controlar o mundo dos engenhos era limitada, porém, pela distância, dificuldades e redes de parentesco e influência que não raro incorporavam os próprios magistrados". Ainda segundo o mesmo autor, "à medida que se desenvolveu a estrutura judiciária nas vilas do Recôncavo, as autoridades centrais puderam organizar e executar melhor as funções de policiamento ... O mundo dos engenhos não esteve completamente fora do alcance da lei, e não só a palavra dos senhores de engenho imperou nessas propriedades" (Schwartz, 1988, p.234).

74 RICARDO ALEXANDRE FERREIRA

e todos aqueles por eles submetidos. Este processo — de grande alcance e central no entendimento da formação do Estado brasileiro — teve especial ressonância na questão servil.[2]

Atingindo em maior ou menor grau cada chácara, fazenda, caminho, arraial ou vila, duas modalidades de instrumentos legais eram utilizados nas tarefas de vigilância, apuração das ocorrências, identificação de transgressões previamente conceituadas, condução dos julgamentos e determinação das punições a ser cumpridas. De um lado as posturas municipais de caráter local, administrativo e preventivo; de outro os códigos: Criminal do Império (1830) e de Processo Criminal do Império do Brasil (1832),[3] os quais, ao lado do conjunto de leis excepcionais, avisos, decretos, entre outros, eram empunhados por distintas autoridades[4] que, progressivamente, passaram a intervir nos acertos entre senhores e destes com seus cativos, principalmente em regiões de grandes concentrações de escravos.[5]

---

2 Vasta bibliografia tratou desta questão sob diversas ópticas e tendências teóricas, contudo, não cabe aqui proceder um arrolamento de obras — tarefa que escaparia aos objetivos deste capítulo. No entanto, especificamente quanto às relações entre direito e escravidão no Brasil, ver Malerba, 1994, obra que visou, a partir da análise de textos de autores e comentadores do Código Criminal do Império, deslindar "o quadro de valores da classe dominante escravista", por considerar tais autores "intelectuais orgânicos legitimadores da hegemonia" desta classe. Numa perspectiva distinta, em sua concepção do "campo jurídico" como espaço potencial de constantes embates, estão Pena, 2001, e Mendonça, 1999, que analisam respectivamente os embates políticos estabelecidos entre jurisconsultos, juízes e advogados no Instituto da Ordem dos Advogados Brasileiros em torno da elaboração da lei de 1871; e os debates parlamentares e jurídicos a respeito da elaboração da Lei dos Sexagenários ou Saraiva–Cotegipe, de 1885.

3 Para uma síntese do contexto político de inserção dos códigos mencionados no processo mais amplo da formação do Estado brasileiro, ver Flory, 1986, especialmente o capítulo 6, "Los códigos legales y el sistema de jurado". A criação do conjunto de instituições que ao longo do Império compuseram o judiciário brasileiro é abordada em Nequete, 1973.

4 Neste texto entendem-se por *autoridades* todos os empregados públicos que se encarregavam tanto do cumprimento das posturas municipais como de cada fase do processo criminal.

5 De acordo com Maria Helena Machado, a partir dos anos 1850, com a crescente

SENHORES DE POUCOS ESCRAVOS **75**

Neste contexto, este capítulo tem como principal objetivo analisar os conflitos entre os senhores, as autoridades e os escravos no município de Franca, marcado simultaneamente pela existência de poucos escravos e por seu avultado peso na composição da riqueza local. Supõe-se que mesmo numa região com tais características a criminalidade configurara-se numa via privilegiada para a efetiva intromissão de autoridades na relação dos senhores com seus escravos.

Assim, a análise principia pelos desdobramentos da situação dos escravos diante das posturas municipais e da justiça criminal, aborda alguns dos principais conflitos entre autoridades e senhores no município de Franca, passando pelos efeitos locais das tensões desencadeadas pelas revoltas de cativos no país, e termina com um dos principais componentes da relação entre alguns senhores e as autoridades em Franca — o uso de cativos para o cometimento de ações tidas como delituosas.

Regulamentações do cotidiano cativo no oitocentos: da infração de posturas ao delito

As posturas municipais regulamentavam no século XIX variados aspectos do cotidiano no município: do comércio à criação de animais, das normas para edificações ao comportamento tido como decente nos locais públicos. Nos casos de infrações, competia

---

urbanização e a consequente criação de uma opinião pública nos distritos cafeeiros, localizados no vale do Paraíba e no chamado Oeste Velho, bem como com o processo de erosão da hegemonia senhorial, que os obrigou a vincular a estabilidade da instituição escravista ao respeito às leis, verificou-se um encaminhamento mais frequente de escravos criminosos à justiça. No entanto, alerta a autora que "esta prática manifestou-se mais como tendência do que comportamento geral, atingindo sobretudo os setores mais profundamente colocados sob pressão e, por tal, mais realistas quanto ao futuro da escravidão. Seriam estes os grandes proprietários locais, os 'barões do café', enfim, aqueles homens que tinham por trás de si grande número de cativos e centenas de arrobas de café, atraindo, portanto, a atenção da opinião pública" (Machado, 1987, p.32).

76 RICARDO ALEXANDRE FERREIRA

inicialmente aos juízes de paz — posteriormente substituídos na parte judicial e executiva pelos delegados e subdelegados de polícia[6] — a condução dos processos.

No período aqui abordado (1830-1888), as posturas eram propostas pelas câmaras municipais, passavam pela Presidência da província — que, caso as considerasse urgentes, poderia mandar executá-las provisoriamente — e em seguida eram remetidas para a Assembleia Legislativa Provincial, que realizava os debates e a aprovação.[7] Esta dinâmica estava indicada no Ato Adicional,[8] artigo 10º: "Compete às Assembleias [provinciais] legislar ... § 4º Sobre a polícia e economia municipal, precedendo propostas das Câmaras (Nogueira, 2001, p.108-9).

Ao analisar este tema em relação à parte policial, José Antônio Pimenta Bueno afirma[9] que tal determinação compreendia exclusi-

---

6 Regimentos dos Juízes de Paz de 15 de outubro de 1827, mencionado no Art. 208, de 29 de abril de 1858, da Coleção de Posturas Municipais de Franca, cx. 16, volume 84, sem nº de folha, artigo 208, 1858 MHMF. "A execução e cumprimento destas posturas na parte judicial e executiva pertence ao delegado e subdelegado de polícia no que toca a processar e julgar as suas contravenções, e fazer executar as suas sentenças." Posturas Municipais de Franca, cx. 16, volume 84, folha 39, artigo 201, 1858, MHMF. A Reforma de 1841 do Código do Processo Criminal destituía dos juízes de paz suas funções judiciais, transferindo a condução dos inquéritos aos delegados e subdelegados de polícia e a confirmação (ou não) da pronúncia dos acusados ao juiz municipal. *Código de Processo Criminal de Primeira Instância do Império do Brasil*: Lei de 3 de dezembro de 1841. 1. ed. Coment. conselheiro Vicente Alves de Paula Pessoa, 1882.

7 Contudo, no período imperial, os códigos de posturas municipais precederam temporalmente as assembleias provinciais, pois já constavam no Regimento dos Juízes de Paz de 15 de outubro de 1827, mencionado no Art. 208, de 29 de abril de 1858, da Coleção de Posturas Municipais de Franca, cx. 16, volume 84, MHMF.

8 Reforma Constitucional – "Lei nº 16, de 12 de agosto de 1834 [que fez] algumas alterações e adições à Constituição Política do Império, nos termos da Lei de 12 de outubro de 1832" (Nogueira, 2001, p.107-14).

9 Em consonância com o art. 1º da "Lei nº 105, de 12 de maio de 1840 – que [interpretou] alguns artigos da Reforma Constitucional" (Nogueira, 2001, p.115).

SENHORES DE POUCOS ESCRAVOS **77**

vamente a polícia municipal em sua competência administrativa e não judiciária. Conforme a interpretação do autor:

> A polícia em geral é a constante vigilância exercida pela autoridade para manter a boa ordem, o bem-ser público nos diferentes ramos do serviço social; é ela quem deve segurar os direitos e gozos individuais e evitar os perigos e os crimes. Chama-se administrativa ou preventiva na parte em que se destina ou dirige a manter tais gozos e prevenir os delitos, e então entra na competência do poder administrativo; chama--se judiciária quando tem por encargo rastrear e descobrir os crimes que não puderam ser prevenidos, capturar seus autores, coligir os indícios e provas, e entregar tudo aos tribunais. (São Vicente, 1978, p.168)

De acordo com tal distinção interpretativa, pode-se inferir que as posturas municipais visavam, por definição, conceituar e punir transgressões com o fim de evitar a consumação de delitos,[10] os quais, uma vez ocorridos, passavam à competência judiciária. Daí a importância de iniciar pelas posturas municipais a análise da intervenção das autoridades na relação entre senhores e escravos, pois nelas estavam conceituadas algumas ações tidas como transgressões, para as quais eram fixadas as respectivas penalidades.

Em Franca, entre 1831 e 1888, cerca de cinquenta artigos do código de posturas municipais ocuparam-se em regular as ações dos escravos ou a eles relativas e estabelecer as punições para os casos que configurassem infrações. Em comparação com outras localidades da província de São Paulo,[11] pode-se perceber uma significativa recorrência dos principais temas; contudo, havia o precedente legal de que as câmaras municipais adequassem suas propostas às necessidades específicas de cada local. Destaca-se, ainda, que apesar de

---

10 Neste trabalho, de acordo com a nomenclatura estabelecida no decorrer do artigo 1º do Código Criminal do Império, as palavras crime e delito, quando se referirem ao fato qualificado legalmente no processo criminal, serão entendidas como sinônimas.

11 Um panorama geral das posturas municipais vigentes em distintas localidades da província de São Paulo e dedicadas à regulamentação do cotidiano cativo encontra-se em Gebara, 1988.

78 RICARDO ALEXANDRE FERREIRA

sofrerem reformas, as posturas municipais de Franca não receberam artigos especiais em razão do aumento das tensões entre senhores e escravos — nas regiões exportadoras — na segunda metade do oitocentos. As únicas exceções foram dois artigos destinados à punição de pessoas que escondessem em suas residências cativos fugitivos ou os furtos por eles praticados,[12] criados em 1858 e reformados em 1875.

As pessoas tidas como *notoriamente suspeitas* e os cativos não poderiam adquirir pólvora ou quaisquer armas em lojas ou por meio de particulares,[13] no entanto, ao ser reformada em 1875, a mencionada postura passou a admitir a possibilidade para o cativo de comprar armas, pólvora, chumbo ou espoletas sob licença dos senhores.[14] Caso fossem presos armados, os escravos seriam punidos com cinquenta açoites e entregues a seus senhores.[15] Mesmo em seus congados e reinados, os escravos não poderiam portar espadas sob a alegação de serem *ornatos da cerimônia*; caso fossem verificadas seriam imediatamente apreendidas e posteriormente entregues aos senhores.[16]

O escravo encontrado fora da vila ou de suas povoações, ou mesmo transitando fora do domicílio de seu senhor após o toque de recolher (dado às 20h no inverno e às 21h no verão[17]) sem um bilhete de autorização assinado e datado pelo senhor, administrador ou

---

12 Posturas Municipais de Franca, cx. 16, volume 84, folha 30, artigos 118 e 119 1858, cx. 16, volume 84, folha 47, artigo 58, 1875, MHMF e cx. 16, volume 84, folha 51, artigo 118, 1875, MHMF.

13 Posturas Municipais de Franca, cx. 16, volume 84, folha 07, artigo 44, 1833, MHMF.

14 Posturas Municipais de Franca, cx. 16, volume 84, folha 46, artigo 31, 1875, MHMF.

15 Posturas Municipais de Franca, cx. 16, volume 83, folha 09, artigo 5º, 1831, MHMF.

16 Posturas Municipais de Franca, cx. 16, volume 84, folha 27, artigo 89, 1858 e cx. 16, volume 84, folha 45, artigo 26, 1875, MHMF.

17 Posturas Municipais de Franca, cx. 16, volume 84, folha 05, artigo 33, 1831, MHMF.

SENHORES DE POUCOS ESCRAVOS **79**

feitor, seria também punido com cinquenta açoites, ressalvando-se a possibilidade da substituição do castigo pelo pagamento de uma multa de 1$000 (1.000 réis) à qual eram somadas todas as despesas com a prisão.[18]

Em 1831, o escravo encontrado em qualquer casa, quintal, plantação ou propriedade alheia sem autorização do dono, tornando-se suspeito por não existir motivos que justificassem sua presença em tal local, seria punido com cinquenta açoites e o mesmo número nas reincidências.[19] A partir de 1858 a postura foi reformada, o número de açoites previstos para a primeira infração cometida pelo cativo caiu de cinquenta para trinta; no entanto, em caso de repetição da mesma falta, o cativo não receberia cinquenta açoites como na lei anterior, mas sim sessenta, ou seja, o dobro da pena inicial.[20]

A necessidade de prestar satisfações às autoridades de seus deslocamentos também atingia os ex-escravos, que, caso transgredissem, receberiam pena de oito dias de prisão e o dobro no caso de reincidências. O passaporte solicitado pelo liberto à autoridade deveria conter todos os sinais que o pudessem identificar, bem como a indicação de seu período de validade. Tal precaução — justificava a postura — era necessária "por quanto a toda a presunção e suspeita de que os Pretos podem ser os incitadores e provocadores de tumultos e comoções a que se podem abalançar os que existem na escravidão".[21]

Ninguém poderia ainda alugar casas ou mesmo quartos a escravos sem uma autorização emitida pelos senhores, sob pena de pagar 4$000 (4.000 réis) de multa e ainda sofrer dois dias de prisão.[22]

---

18 Posturas Municipais de Franca, cx. 16, volume 84, folha 06, artigo 41, 1833 e cx. 16, volume 84, folha 30, artigo 121, 1868, MHMF.

19 Posturas Municipais de Franca, cx. 16, volume 83, folha 09, artigo 3º, 1831, MHMF.

20 Posturas Municipais de Franca, cx. 16, volume 84, folha 32, artigo 134, 1858, MHMF.

21 Posturas Municipais de Franca, cx. 16, volume 83, folha 09, artigo 6º, 1831, MHMF.

22 Posturas Municipais de Franca, cx. 16, volume 83, folha 06, artigo 8º, 1831 e cx. 16, volume 84, folha 07, 1833, MHMF.

80 RICARDO ALEXANDRE FERREIRA

Aos cativos não era permitido jogar ("os jogos que se chamam parados ou de qualquer espécie"),[23] juntar-se com outros escravos ou permanecer em vendas, tabernas ou botequins além do tempo necessário para cumprir o mandado de seus senhores.[24] Não poderiam também vender artigos que não estavam acostumados a negociar.[25] Nestes casos, as punições previstas atingiam os próprios cativos, seus senhores, os proprietários do estabelecimento ou casa onde ocorresse a infração e as pessoas que porventura jogassem com os escravos.

As violações de posturas praticadas pelos escravos eram de responsabilidade de seus senhores.[26] Nos casos de punição com açoites, os cativos seriam levados às grades da cadeia pelo lado interno e o número de golpes aplicados não poderia exceder 25 pela manhã e igual quantia à tarde.[27]

Como é possível observar, a maioria dos comportamentos cotidianos dos escravos era regulamentada nas posturas, cuja principal função residia na tentativa de coibir as lesões corporais e os homicídios, quando proibiam a compra não autorizada e o porte de armas; as insurreições, quando vedavam os ajuntamentos de escravos; os furtos e roubos, quando limitavam a presença dos cativos em tabernas e vendas; e toda a sorte de delitos que se supunha poderem praticar os escravos em suas andanças não autorizadas pelos mais variados locais.[28]

No entanto, o cumprimento das posturas reservava um lugar privilegiado para a intervenção de policiais, juízes de paz, delegados

---

23 Posturas Municipais de Franca, cx. 16, volume 84, folha 04/05, artigo 26, 1831; cx. 16, volume 84, folha 10, artigo 24, 1851; cx. 16, volume 84, folha 48, artigo 64, 1875 e cx. 16, volume 86, folha 07, artigo 38, 1867, MHMF.

24 Posturas Municipais de Franca, cx. 16, volume 83, folha 05, artigo 4, 1831 e cx. 16, volume 84, folha 45, artigo 25, 1875, MHMF.

25 Posturas Municipais de Franca, cx. 16, volume 84, folha 12, artigo 39, 1851, MHMF.

26 Posturas Municipais de Franca, cx. 16, volume 84, folha 59, artigo 194, 1875, MHMF.

27 Posturas Municipais de Franca, cx. 16, volume 84, folha 30, artigo 120, 1858, MHMF.

28 Embora fundamentais à verificação da recorrência de aplicação destas leis no município de Franca, não foi possível analisar os Livros de Infrações de Posturas

SENHORES DE POUCOS ESCRAVOS **81**

e subdelegados na relação mantida entre os senhores e seus cativos. Mais que uma intervenção, estabelecia-se a possibilidade do acirramento de divergências políticas ou mesmo da facilitação do não cumprimento de penas pelos cativos transgressores possuídos por senhores dos mesmos grupos políticos aos quais pertenciam as autoridades envolvidas.

Uma vez que a legislação local, num primeiro momento, falhasse em sua suposta missão de evitar ações dos cativos tidas como delituosas, entrava em cena todo o aparato judicial e com ele a mudança de condição do escravo, que passava de infrator a réu ou mesmo vítima, conforme as conceituações previstas nas leis criminais.

Em acordo com o Código do Processo Criminal do Império e com a jurisprudência relativa à escravidão, Agostinho Marques Perdigão Malheiro afirma que não eram conhecidos pelas autoridades judiciais crimes cometidos por escravos. Os cativos seriam processados, pronunciados e julgados como os homens livres ou libertos considerados criminosos. O escravo, *sujeito do delito ou agente dele*, não era entendido como coisa, e sim como pessoa. Caso figurasse como vítima, não se trataria de um crime de dano, e sim de uma ofensa física, embora o ofensor ficasse sujeito a indenizar o proprietário (Malheiro, 1976, p.49).

Contudo, algumas restrições deveriam ser respeitadas: o escravo não era juridicamente responsável, pois, embora pudesse ser apenado como qualquer pessoa, não poderia recorrer à justiça ou ser por ela julgado senão sob a mediação de uma pessoa livre capaz, quando o senhor não o fizesse como seu curador natural; *o escravo não podia dar denúncia contra o senhor*; não podia depor como testemunha jurada, apenas como informante, ou seja, a validade ou não das

---

ou mesmo o registro diário da movimentação de presos da cadeia local, ambos por extravios de papéis durante os anos ou por deterioração dos documentos ainda lotados no Museu Histórico Municipal de Franca. Contudo, pode-se inferir que muitas destas infrações culminaram em delitos e foram apuradas nos processos compulsados na pesquisa.

declarações por ele prestadas em juízo era avaliada pela autoridade que presidia a respectiva fase do processo (ibidem, p.45-6).

No final do século, com o aumento das pressões tanto de escravos como de políticos e juristas, a legislação sofreu modificações, tornando possível ao cativo informar como testemunha em processo movido contra o seu senhor, nas ocasiões em que a causa versasse a respeito de fatos da vida doméstica ou quando por outra maneira não se pudesse *conhecer a verdade*. Por fatos da vida doméstica, entendia José Maria Vidal os casos em que o juiz de órfãos da localidade realizasse "averiguações de maus-tratos, atos imorais e privação de alimentos" (Vidal, 1883, p.50).

Em relação às penas a que estavam sujeitos os cativos, caso cometessem atos conceituados como delitos, verificavam-se algumas distinções em relação ao restante da população. Por ocasião da entrada em vigor do Código Criminal do Império, em 16 de dezembro de 1830, dois artigos referiam-se diretamente aos escravos criminosos: o de número 113, que conceituava e regulava o crime de insurreição, e o artigo de número 60:

> Art. 60. Se o réu for escravo, e incorrer em pena que não seja a capital ou de galés, será condenado na de açoites, e, depois de os sofrer, será entregue a seu senhor, que se obrigará a trazê-lo com um ferro pelo tempo e maneira que o Juiz determinar. O número de açoites será fixado na sentença, e o escravo não poderá levar por dia mais de cinquenta. (Pierangelli, 1980, p.173)

A pena de açoites limitava-se aos cativos em virtude de esse castigo estar fora das disposições do artigo 179, § XIX, da Constituição de 1824, que abolia "os açoites, a tortura, a marca de ferro quente e todas as mais penas cruéis" (Nogueira, 2001, p.104). Os práticos e facultativos recomendavam que a quantidade de açoites a ser infligidos considerasse a idade e as condições do cativo apenado, pois se previam as funestas consequências que mais de duzentos acarretariam, ainda que divididos em cinquenta por dia.[29]

---

29 *Código Criminal do Império do Brasil.* Coment. Conselheiro Vicente Alves de

SENHORES DE POUCOS ESCRAVOS   **83**

Ressalta-se todavia que, tanto na historiografia como nos processos compulsados neste estudo, as sentenças contra escravos não primaram por considerar a mencionada recomendação. Em Franca, o escravo Matheus, acusado pelo rapto de uma menor livre, foi condenado a receber oitocentos açoites e a carregar um ferro no pescoço por seis anos.[30] Somente em 4 de outubro de 1886 foram legalmente abolidos os açoites infligidos aos escravos como punição pela prática de delitos.[31]

Apesar da severidade dos açoites, a pena última (de morte) era a mais enérgica condenação recebida por qualquer criminoso. Uma vez condenado de forma definitiva e irrevogável e chegando o dia marcado, o réu seguia pelas ruas mais públicas da localidade, preso, *com seu vestido ordinário*, acompanhado obrigatoriamente do juiz criminal, do escrivão, da força militar requisitada e do porteiro que ia à frente do cortejo lendo em altas vozes a sentença a ser cumprida. Seu destino era o campo da forca, de onde só sairia morto e destinado a um sepultamento desprovido de quaisquer pompas (Pierangelli, 1980, p.171-2).

No Código Criminal de 1830, os artigos 113 (insurreição) e 192 (relativo ao crime de homicídio) previam como condenação, no grau máximo, a pena de morte. No entanto foi a lei n° 4 — de 10 de junho de 1835[32] — que regulamentou especificamente a punição para os

---

Paula Pessoa. 2.ed. aument. Rio de Janeiro: Livraria Popular de A. A. da Cruz Coutinho, 1885, notas 236 e 237.

30 Cartório do 1° Ofício Criminal de Franca, Processo n° 183, cx. 06, folha 02 e 03, 1877.

31 *A abolição no Parlamento*: 65 anos de lutas, 1823-1888. Brasília: Senado Federal, Subsecretaria de Arquivo, 1988, v.2, p.1024. 2 v.

32 Vasta documentação foi compulsada e apresentada por João Luiz de Araujo Ribeiro (2000) para a análise dos mais de cinquenta anos da aplicação desta lei nas mais variadas localidades e distintas fases políticas do Império do Brasil. De acordo com o autor, a criação da lei de 1835 foi impulsionada ou teve como pretexto um levante de escravos ocorrido na localidade de Carrancas, em Minas Gerais, no ano de 1833, cujas causas foram atribuídas a uma suposta união entre cativos revoltosos e partidários da restauração de Pedro I, os quais atentaram contra a vida de seus senhores. Após quase dois anos de debates a lei excepcional

84 RICARDO ALEXANDRE FERREIRA

escravos que propinassem venenos, matassem ou ferissem gravemente seus senhores, administradores, feitores e respectivos familiares. Caso os ferimentos fossem considerados leves, seria aplicada a pena de açoites.

Para qualquer um destes crimes, ou outros cuja pena prevista para os escravos fosse a de morte, se deveria reunir extraordinariamente o júri do termo, caso não estivesse ativo, e convocar imediatamente o juiz de direito respectivo. Caso o escravo fosse efetivamente condenado, a sentença deveria ser executada sem nenhum recurso.[33]

Contudo, algumas alterações foram estabelecidas em relação à negativa absoluta de recurso, e por fim o decreto nº 1310, de 2 de janeiro de 1854, estabelecia que a referida lei deveria ser executada sem recurso algum salvo o do Poder Moderador.[34]

Declarando-se não partidário da pena de morte, argumentava Vicente Alves de Paula Pessoa, um dos mais citados intérpretes do Código Criminal do Império:

> E por que não admitir-se, para a hipótese da lei de 1835, os recursos estabelecidos para todos os mais casos, e quando se trata de uma penalidade? Não vemos nisto o menor perigo e nem o admitimos quando a reflexão, a calma, a verdade e a justiça não podem ser excluídas das ações humanas, *maxime* tratando-se de um julgamento em que muitas vezes entra a paixão e tanto mais se considerar que o escravo não é tido por muitos como um ser racional. Haja a máxima severidade quando o crime é o da lei de 1835, mas admitam-se todos os recursos e todos os meios de defesa, tanto mais necessários por isto que o escravo é de uma triste e infeliz condição. A sociedade não tem o direito de tais meios para se manter e nem o rigor demasiado moralizou nunca.[35]

---

de 1835 foi aprovada em segunda votação no Parlamento. Nascida do impasse de como julgar escravos assassinos de seus senhores por meio de um código elaborado com base em princípios *iluministas, liberais e humanistas*, para homens livres, a lei de 1835, chamada emergencial, nascia para ser permanente (Ribeiro, 2000).

33 *Coleção das Leis do Império do Brasil (1835- 1ª Parte)*, 1864, p.5 e 6.

34 *Código Criminal do Império do Brasil*, 1885, nota 594(c).

35 Idem, nota 594(oo).

SENHORES DE POUCOS ESCRAVOS   **85**

Após a suspensão do imediato cumprimento da pena de morte, que passava a ser submetida ao arbítrio do Poder Moderador, consta ter sido comum sua comutação em galés perpétuas, que se tornaram oficiosamente a penalidade máxima praticada no Império (Lima, 1981, p.48). No entanto, a lei de 1835 continuou a existir, para descontentamento de vários setores que a viam, ao lado dos açoites, como um dos mais vigorosos símbolos da barbárie.[36] Referindo-se à lei excepcional de 1835, argumentava Perdigão Malheiro nos anos 1860:

> Esta legislação excepcional contra o escravo, sobretudo em relação ao senhor, a aplicação da pena de açoites, o abuso da de morte, a interdição de recursos carecem de reforma. Nem estão de acordo com os princípios da ciência, nem esse excesso de rigor tem produzido os efeitos que dele se esperavam. A história e a estatística criminal do Império têm continuado a registrar os mesmos delitos. E só melhorará à proporção que os costumes se forem modificando em bem do mísero escravo, tornando-lhe mais suportável ou menos intolerável o cativeiro, e finalmente abolindo-se a escravidão. (Malheiro, 1976, p.47)

Contudo, opiniões favoráveis à manutenção geral da pena de morte também eram manifestadas por intérpretes do Código Criminal. Carlos Frederico Marques Perdigão, em seu *Manual do Código Penal Brasileiro*, afirma:

> O artigo 38 [do Código Criminal do Império] dispõe que a pena de morte será dada na forca; assim não há torturas, nem mais a marca de ferro. Enquanto que sob o antigo regime o machado era reservado aos nobres e a corda aos vilões, hoje a pena é idêntica para todos (salvo para os militares, bem entendido), e o mesmo suplício atinge o nobre e o peão. (1882, t.1, p.237)

---

36 Agostinho Marques Perdigão Malheiro (que se referia à pena de morte como *antiga bárbara legislação*) e sobretudo Vicente Alves de Paula Pessoa nas obras aqui citadas mostravam seus descontentamentos com a perpetuação da existência da pena última.

86 RICARDO ALEXANDRE FERREIRA

Confirmando a necessidade de analisar a opinião dos diversos juristas do período de forma matizada, o mesmo autor não só diferia de Vicente Alves de Paula Pessoa e Perdigão Malheiro ao entender a efetiva necessidade de manutenção da pena de morte como via nela um avanço em relação às punições regulamentadas no Livro V das Ordenações Filipinas, antecedente do Código Criminal do Império. Defendendo a permanência da pena capital, Carlos Perdigão argumentava:

> A pena de morte é justa, porque a consciência revela que certos atentados de gravidade excepcional não podem ser punidos senão pela morte; que é necessária, pois que a razão indica o perigo que haveria, com a imperfeição atual de nossas instituições repressivas, em deixar a sociedade desarmada pela abolição do mais temido dos castigos; que não é ilegítima porque a sociedade tem o dever de proteger seus membros. (ibidem, p.237)

Mesmo com a sistemática comutação das penas últimas — por meio do Poder Moderador — e a manutenção de constantes embates políticos e jurídicos, a lei de 1835 só foi abolida em 1886, ainda assim exclusivamente na parte que dizia respeito aos açoites e não totalmente, como constava na proposta original. A comissão responsável pela análise do projeto no Parlamento afirmou em seu parecer final — em acordo com Carlos Perdigão — que a sociedade não poderia perder totalmente sua defesa em relação aos cativos.[37]

Por fim, além do rigor das penas, os escravos que estivessem pronunciados em sumário crime, fossem ébrios, fugitivos e, sobretudo, indiciados nos delitos conceituados na lei 10 de junho de 1835, mesmo habilitados para a libertação, seriam preteridos na ordem de emancipação realizada com os fundos previstos na Lei do Elemento Servil, de 1871.[38]

---

37 *A abolição no Parlamento*: 65 anos de lutas, 1823-1888 (1988, p.983, 1001-18 e 1024).

38 Vidal, 1883. A observância desta condição legal para alforria fez que as autoridades provinciais produzissem estatísticas denominadas "Mapa de escravos

SENHORES DE POUCOS ESCRAVOS 87

Da infração de posturas ao delito, dos açoites à pena de morte, o cotidiano dos cativos estava minuciosamente conceituado para que não se permitisse a perpetuação da prática de ações tidas como crimes. Contudo, no dia a dia da relação senhores–*autoridades*–escravos, existiam outros interesses em jogo. Para além do questionamento do poder senhorial pelas autoridades, o valor despendido na aquisição e na manutenção dos cativos foi fundamental para que tão minucioso aparato de repressão legal fosse, por vezes, sabotado pelos proprietários dos escravos envolvidos.

Conflitos na cominação de penas pelos juízes e na aplicação de castigos pelos senhores no município de Franca

Mesmo numa localidade dotada de poucos escravos em relação ao cômputo geral da população livre, é possível verificar o ressentimento dos senhores em relação à intromissão das autoridades administrativas e judiciárias em suas soluções particulares para os comportamentos dos cativos por eles entendidos como reprováveis ou mesmo nos casos em que as faltas cometidas por seus escravos prejudicassem terceiros.

Representando uma pequena fração da população, mas um relevante montante na distribuição da riqueza local, cada cativo preso à espera de julgamento, fora do trabalho pelo rigor dos açoites legais ou mesmo totalmente retirado de seu senhor pelas galés ou pelo patíbulo tendia a representar um desfalque significativo na riqueza dos senhores residentes em Franca.

---

fugidos, turbulentos, ébrios e outros". Em 15 de janeiro de 1872, a Província de São Paulo emitiu um destes mapas relativo ao ano anterior, o qual trazia a capital e Santos como as localidades de maior número de cativos em tal situação. Franca não constou. Relatório do Presidente da Província de São Paulo, disponibilizado no *site* da Universidade de Chicago – ano de 1872, relatório 1013 de 02/02/1872, em: http://wwwcrl-jukebox.uchicago.edu/bsd/bsd/10131/000179.html.

88   RICARDO ALEXANDRE FERREIRA

No dia 1º de maio de 1861, na fazenda do Salgado, de propriedade de Pedro Borges Gouveia, em uma "casinha de capim" onde
morava a liberta Maria, foi ferido por golpes de foice o escravo do
tenente Coronel Delfino Souza Lima, de nome Manoel, solteiro,
natural da África, com a idade de 35 anos aproximadamente, rebo-
cador. Os golpes teriam sido aplicados por Geraldo, também solteiro, lavrador, natural de Franca, com "vinte e tantos" anos de idade,
escravo do proprietário da fazenda.

A seguir pode-se comparar o registro dos depoimentos presta-
dos tanto pelo cativo que figurou nos autos como vítima como pelo
escravo que foi indiciado como réu. É possível verificar em ambos
os depoimentos a precisão das versões apresentadas, possivelmente
orientadas pelos curadores ou solicitadores de causas contratados
pelos senhores de cada cativo.

Primeiro o depoimento prestado pelo cativo Manoel, a vítima:

> estando para fazer uma viagem com seu senhor moço Delfino
> Macario Stocller de Lima ... dirigiu-se a casa de Maria forra, que foi
> escrava de Antonio Lopes do Carmo com o fim de buscar algumas
> roupas que lhe pertenciam e estavam com a mesma Maria para serem
> lavadas, e chegando na mesma casa pediu licença para entrar a qual
> foi concedida ... notando que quando foi entrando [existiam] muitas
> pessoas dentro, as quais não podia conhecer, e depois ... dirigiu-se
> a dita Maria [dizendo-lhe] que vinha procurar a roupa que lhe deu
> para lavar, e esta sem lhe dar resposta alguma saiu imediatamente
> da casa quando de repente apagaram a luz que estava para dentro
> em um quarto. Nesse momento quando ele deu fé foi agredido por
> uma foiçada sobre o braço esquerdo a qual ofendeu a cabeça do lado
> esquerdo ... e conhecendo que estava gravemente ofendido gritou:
> "gente estou ferido", não aparecendo em seu socorro pessoa alguma,
> notando que não havia ... ninguém na casa, e ficando com medo que o
> agressor lhe matasse, dirigiu-se a um mato ... lá ficando até um pedaço
> da noite quando recolheu-se para a chácara de onde tinha saído.[39]

---

39 Cartório do 1º Ofício Criminal de Franca, Processo nº 550 cx. 19, folha 03,
   1861, AHMUF.

SENHORES DE POUCOS ESCRAVOS **89**

No depoimento prestado pelo cativo Geraldo, indiciado como réu, pode-se verificar a mesma coerência para a construção de uma versão imediatamente oposta:

[estando] ele em casa de uma preta forra de nome Maria que mora perto da casa de seu senhor ali chegou Manoel escravo do Tenente Coronel Delfino e começou a brigar com ela por causa de ciúmes ... dando pancadas na mesma, e ele interrogado foi defendê-la e lançou mão de um pau que estava encostado em um canto, e como fosse escuro e de noite não viu que o pau tinha na ponta uma [pequena foice] ... e só no outro dia foi que seu senhor lhe contou que ele interrogado havia ferido o escravo Manoel.[40]

Perante os jurados, o auto de corpo de delito feito em Manoel e sua versão dos fatos foram suficientes para a condenação do escravo Geraldo ao cumprimento da pena de cem açoites e a carregar um ferro no pescoço pelo período de um mês, sentença que — segundo documentação anexa aos autos — foi integralmente cumprida.

A disputa pela versão mais convincente dada ao fato criminoso foi, na verdade, a parte final de um acerto entre os senhores dos cativos que começara antes mesmo de o fato ser comunicado "pela voz pública" às autoridades judiciárias. Várias testemunhas ouvidas no processo atestaram a existência de um contrato extrajudicial celebrado entre os senhores. Ao ser inquirido em relação a tal fato, José Ferreira Lopes relatou:

chegando ele testemunha em casa do Doutor Cristiano achou o dito com ... Pedro Borges de Gouveia, Guido Eugênio Nogueira, Manoel Simão, Delfino Macario e estando o dito Manoel Simão copiando um papel, e perguntando ele testemunha ... que era aquilo ... pegou o doutor Cristiano no papel e disse a ele testemunha que era um contrato que ele havia feito com Pedro Borges de Gouveia pela maneira seguinte: *Se o escravo Manoel morresse, tinha Pedro Borges que pagar a seu pai um conto e oitocentos mil réis, e se somente ficasse aleijado isto é de braço um*

---

40 Cartório do 1° Ofício Criminal de Franca, Processo n° 550 cx. 19, folha 23, 1861, AHMUF.

conto e quatrocentos mil réis e se sarasse ainda só com um aleijão no dedo mínimo setecentos mil réis. Disse ele testemunha [a Pedro Borges de Gouveia] que não assinasse o dito contrato, que comprovava o delito praticado pelo seu escravo, e que o mesmo nem assim atendeu a ele testemunha, assinando dois de um só teor ...[41]

Único entre as fontes compulsadas na pesquisa em que o suposto acordo entre senhores produziu uma prova testemunhal descoberta pelas autoridades, este processo criminal permite verificar um elevado grau de organização na celebração do mencionado contrato. Ademais, a cena descrita pela testemunha contava com a anuência de importantes personagens da sociedade local, tais como o boticário Guido Eugênio Nogueira, homem sempre ativo nos conflitos eleitorais protagonizados pelos grupos políticos de Franca[42] e frequentemente convocado para a elaboração de autos de corpo de delito determinados pela justiça.

Na maioria dos casos, a explícita intenção senhorial em obstar a ação das autoridades judiciais em relação a seus cativos não podia ser efetivamente provada; no entanto, alguns processos receberam *irritados* pareceres dos magistrados.

> Observo não se ter feito exame de sanidade. O semelhante fato revela oculto propósito de se proteger a propriedade do senhor ofendido. Em menor cabo de seu direito deveria ser o primeiro a defender quanto a sua personalidade a demora em se fazer o auto de corpo de delito, de sua remessa e da condução do sumário, que só se realizou por ter este juízo aberto correição. Semelhante fato não se reproduza sob pena de responsabilidade pela demora na administração da Justiça.[43]

---

41 Cartório do 1º Ofício Criminal de Franca, Processo nº 550 cx. 19, folha 09, 1861, AHMUF. Itálicos nossos.

42 Para a verificação dos principais grupos políticos de Franca até meados do século XIX ver Martins, 2001. O período posterior foi analisado em Naldi, 1992.

43 Cartório do 1º Ofício Criminal de Franca, Processo nº 890, cx. 37, sem nº de folha, 1878, AHMUF.

O crime mencionado ocorreu em 23 de junho de 1878 à noite, na Fazenda Cachoeirinha ("distante 6 léguas e meia de Franca"), quando José Porfírio Branquinho tentava sozinho castigar seu cativo de nome Graciano, o qual armado com uma faca feriu seu senhor. O processo só foi instaurado pelo Promotor Público pela ação informativa da "voz pública". O senhor do cativo criminoso desistiu de figurar como parte nos autos, que mesmo perpetuados pelo Promotor não registraram a captura do cativo criminoso.

Em outro processo a mesma constatação por parte do magistrado resultou em outra repreensão.

> É todavia acreditável a atitude que têm tomado os escravos vitimando os seus senhores, e talvez se pudessem a todo o Brasil. É desgraça que um escravo de nome Manoel Crioulo no Distrito de Paz desta Vila seguindo os indícios manifestos assassinasse a seu senhor Manoel Marques. E seus herdeiros [solicitaram um *habeas corpus* para o cativo] para repartirem entre si o valor do dito [escravo] ... antes pelo vil interesse do que afeto paternal ...[44]

Se, por um lado, os senhores se desdobravam em impedir que as atitudes cometidas por seus cativos — conceituadas como crimes — terminassem em prejuízos, por outro, a justiça também estava legalmente pronta a questionar o nível de autonomia dos proprietários de escravos quando infligiam castigos no interior de suas propriedades. O Código Criminal previa punição para os senhores que castigassem seus cativos além do necessário para a sua correção.

Pode-se supor, contudo, que mesmo quando eram levadas ao conhecimento de delegados, promotores e juízes as sevícias contra os escravos acabavam por legitimar-se no cotidiano em razão de uma determinação legal largamente utilizada pelos defensores dos senhores e acatada pela justiça no município de Franca.

---

44 Cartório do 1º Ofício Criminal de Franca, Processo nº 155, cx. 5, folha 06, 1834, AHMUF.

Dos crimes justificáveis – Art. 14. Será o crime justificável e não terá lugar a punição dele: ... § 6º Quando o mal consistir no castigo moderado que os pais derem a seus filhos, *os senhores a seus escravos* e os mestres a seus discípulos, ou desse castigo resultar, uma vez que a qualidade dele não seja contrária às leis em vigor. (Pierangelli, 1980, p.168. Itálicos nossos)

No entanto, segundo Perdigão Malheiro (1976), os cativos seviciados poderiam requerer que os senhores os vendessem. Existindo a suspeita de que um senhor maltratasse seu escravo, a autoridade poderia obrigá-lo a assinar um *termo de segurança*. Cabia ainda às câmaras municipais comunicar aos conselhos gerais das províncias os maus tratamentos e atos de crueldade que se praticassem contra os cativos.

Tabela 11 – Natureza dos processos criminais em que cativos foram arrolados como vítimas em Franca (1830-1888)

Delitos e ocorrências	Décadas						Total	%
	1830	1840	1850	1860	1870	1880		
Ferimentos	2	4	4	4	2	7	23	37,1
Homicídio	7	2	2	5	3	1	20	32,2
Tentativa de homicídio	—	1	—	1	—	3	5	8,1
Suicídio	2	—	1	1	1	1	6	9,7
Sevícias	—	—	—	1	1	2	4	6,5
Morte natural	—	—	—	1	1	1	3	4,8
Morte acidental	—	—	—	—	1	—	1	1,6
TOTAL	11	7	7	13	9	15	62	100,0

Fonte: Cartório do 1º Ofício Criminal de Franca, Processos Criminais 1830-1888, AHMUF.

No município de Franca o número de crimes cometidos contra os cativos e conhecidos pelas autoridades variou de acordo com o interesse de terceiros em proceder a denúncias. Em sintonia com o restante do país, os desdobramentos do movimento abolicionista local[45], ou mesmo das disputas entre grupos políticos, fizeram que as denúncias em relação aos maus-tratos, algumas vezes classificadas como sevícias, outras como ferimentos, aumentassem significativamente na última década de existência do cativeiro em Franca (ver Tabela 11). Entretanto, mesmo chegando ao conhecimento da justiça, a maioria das informações de maus-tratos infligidos aos cativos não resultaram na punição dos acusados, sobretudo quando se tratava dos senhores das vítimas.

Sem nenhuma solução ou andamento, permaneceu em Franca a denúncia enviada por Joaquim da Rocha Neiva ao juiz municipal em 17 de fevereiro de 1861, contra o capitão Jacob Ferreira de Menezes. De acordo com o denunciante, Jacob submetia seus cativos à marcação com ferros quentes, o que lhes causava "grandes estragos em seus corpos com bastantes padecimentos".[46]

Não constando se sozinha ou conduzida por alguém, apresentou-se à justiça em fevereiro de 1884 a escrava Rita, pertencente à dona Maria Clara Diniz (também mencionada nos autos como Maria Clara Branquinho), exibindo dezenas de cicatrizes pelo corpo, tais como: no braço direito 25 cicatrizes, novas e muitas antigas; na nádega esquerda, 36 cicatrizes novas e inúmeras antigas; na coxa direita, 65 cicatrizes em sua maioria novas.[47] Interrogada pelo motivo de tais cicatrizes, a escrava Rita

> Respondeu que a única explicação é a falta de humanidade com que seus senhores a têm tratado, sendo constantemente castigada sem razão lícita como atestam os sinais que apresenta todo o seu corpo. Que a

---

45 A presença de partidários do fim do cativeiro, vinculados ao movimento abolicionista local, foi analisada, por meio de disputas manifestadas em artigos de jornais de Franca, em Gomes, 2001.

46 Cartório do 1º Ofício Criminal de Franca, Processo nº 560, cx. 19, sem nº de folha, 1861, AHMUF.

47 Relato presente no auto de corpo de delito a que a escrava Rita foi submetida. Cartório do 1º Ofício Criminal de Franca, Processo nº 1088, cx. 52, 1884, AHMUF.

maneira porque se castiga os escravos na fazenda de sua senhora é horrível – amarrados pelos pulsos, com fortes cordas, são suspensos ao ar e aí sofrem o castigo do azorrague até formar poças de sangue embaixo, e depois são sujeitos a um banho de pimentas e sal, dobrando--se à tarefa do serviço no dia seguinte. Que sobe ainda o martírio dela respondente e seus companheiros quando têm de beber forçosamente debaixo de pancadas a água que sua senhora se banha para depois se acomodar na cama; e para esse fim são chamados e ajoelhando-se ao redor da bacia ali deitando os lábios na beira da bacia vão bebendo água até que ela se acabe, ficando depois presos no quarto sofrendo duras ânsias lançando finalmente a água. Que o pai dela respondente morreu por falta de trato, comido pelos bichos que assentaram nas feridas que lhe foram abertas no corpo pelo castigo de bacalhau que sofreu até que teve o único alívio dos desgraçados que é a morte ...[48]

Contudo, mesmo após informar tamanhos suplícios, comprovados pelo auto de corpo de delito realizado, a cativa Rita foi retirada do depositário a quem tinha sido confiada por determinação judicial e entregue à sua senhora tão logo esta dirigiu uma petição à autoridade que conduzia o processo.

A pequena quantidade de pessoas consideradas legalmente culpadas por cometer crimes contra cativos no município de Franca confirma-se pelo cômputo geral dos processos analisados. Dos 66 homens e mulheres indiciados como réus, nesta circunstância, apenas cinco (7,6%) foram efetivamente apenados (ver Tabela 12). Deste número não devem ser esquecidos os escravos indiciados em crimes contra outros escravos que, uma vez sentenciados a açoites, tinham nos senhores, com poucas exceções, os maiores incentivadores de que a pena fosse logo cumprida e o cativo retornasse ao trabalho.

---

48 Cartório do 1º Ofício Criminal de Franca, Processo nº 1088, cx. 52, 1884, AHMUF. Na perspectiva de análise da história das mulheres o mesmo processo criminal foi abordado por Alzira Lobo de Arruda Campos, 1999.

SENHORES DE POUCOS ESCRAVOS 95

Tabela 12 – Situação final dos réus indiciados em crimes contra
cativos em Franca (1830-1888)

Resoluções e veredictos	Quantidade	%
Não pronunciados	30	45,5
Pronunciados e não julgados	14	21,2
Absolvidos	17	25,7
Condenados	5	7,6
Total	66	100,0

Fonte: Cartório do 1° Ofício Criminal de Franca, Processos Criminais 1830-1888, AHMUF.

Em Franca, apesar de em 81,9% (ver Tabela 13) dos crimes cometidos pelos cativos não terem existido condenações — por vários motivos, tais como: morte do réu no transcurso do processo, fuga, venda ilícita feita pelo senhor após o crime, anulação dos autos, ou mesmo absolvição —, pode-se verificar a aplicação em larga escala do artigo 60, que substituía a prisão dos escravos por açoites, entre os réus condenados. Este artigo do código penal evitava que o valor monetário despendido na aquisição do cativo fosse parcial ou totalmente perdido em prisões sofridas pelos réus. Verificou-se, por exemplo, nos locais de grandes lavouras como Campinas, crimes cometidos por escravos que logo depois se entregavam à autoridade policial, muitas vezes de acordo com a noção de que a prisão era melhor do que o eito e a senzala (Machado, 1987).

Considerado apenas o conjunto dos processos criminais examinados e transcritos nesta pesquisa, a condenação à morte, com base na lei de 10 de junho de 1835, só teria ocorrido efetivamente uma vez em Franca; nos demais casos, os réus tiveram suas penas comutadas pelo Poder Moderador.

Tabela 13 – Sentenças e penas aplicadas aos réus escravos em Franca (1830-1888)

Sentenças e penas	Décadas						Total	%
	1830	1840	1850	1860	1870	1880		
Pena de morte	—	—	1	—	—	—	1	0,9
Pena de morte comutada	—	—	—	1	1	1	3	2,7
Galés perpétuas	—	—	—	—	1	—	1	0,9
Açoites e ferro no pescoço	1	—	1	2	1	2	7	6,4
Açoites e ferro no pé	—	—	2	1	2	—	5	4,5
Açoites	—	—	2	1	—	—	3	2,7
Total de réus condenados	1	—	6	5	5	3	20	18,1
Total de réus não condenados	10	11	18	33	11	8	91	81,9
Total	11	11	24	38	16	11	111	100,0

Fonte: Cartório do 1° Ofício Criminal de Franca, Processos Criminais 1830-1888, AHMUF.

O cativo executado foi Antonio, de 24 anos, carpinteiro, natural de Franca, onde morava com a vítima (Francisco Marques dos Reis, seu senhor) desde a infância, "pois foi o dito seu senhor quem o criara".

Interrogado, o réu Antonio relatou:

> que estando trabalhando no valo com seus parceiros [escravos] ali chegou o senhor e foi logo dizendo que havia de agarrar a todos porque quando amanhecia, todos eles vinham para o valo e não arrumavam as obrigações do terreiro ... foi até o pai velho da casa, de nome João, e lhe deu uns tapas, depois pegou a ralhar com os outros, depois disse "arre diabo isto não se atura mais", e agarrando em uma enxada endireitou para a banda dele respondente, e quis dar-lhe com a enxada, ele respondente levantou a sua enxada e empurrou o dito seu senhor que caiu no valo, neste ato ele respondente também caiu no valo agarrando-o com uma mão e com a outra cravou-lhe a faca no pescoço, e deu-lhe ainda

SENHORES DE POUCOS ESCRAVOS **97**

mais outra facada no mesmo lugar no pescoço, e com estas facadas morreu no mesmo momento ...[49]

Segundo algumas testemunhas ouvidas no processo, durante o trabalho, Antonio assumia funções de feitorização dos demais escravos, fato também atribuído à sua maior força física em relação aos demais. Depois de cometer o crime, o escravo foi repreendido pelo "pai velho" (escravo João), ao qual Antonio teria respondido com ameaças, em seguida coagiu os escravos João e Joaquim (filhos do "pai velho"), que também trabalhavam no local, a tirar o corpo dali para tentar encobrir o crime, instruindo-os para que voltassem ao trabalho e nada contassem à sua senhora; porém, no momento em que retiravam o cadáver do valo, foram surpreendidos por um liberto que passava pelo local tocando algumas bestas. O relato desta testemunha foi vital para a sentença proferida pelo juiz.

Após ouvir inúmeros depoentes, o júri absolveu o escravo Joaquim e condenou os escravos João (filho) a duzentos açoites e seis meses de ferro no pé, e Antonio, como incurso no artigo 1º da lei de 10 de junho de 1835, à pena de morte. O réu não foi merecedor da clemência do Poder Moderador e a sentença se consumou.

Contudo, a execução não teria sido a única. Em pesquisas empreendidas no Arquivo do Estado de São Paulo foi encontrado o ofício abaixo, remetido ao presidente da província pelo prefeito de Franca em 11 de agosto de 1837:

> Participo a V.Exa. que hoje se executou a sentença de morte proferida contra os escravos Réus José Crioulo e Antonio Africano, como assassinos do Sr. Caetano Barbosa Sandoval. Ato este em que se praticou [sic] todas as formalidades da Lei, e do estilo de baixo de toda a ordem, não havendo novidade alguma, sendo pelo Juiz Municipal executor da sentença, convidados todos os Juízes de Paz dos competentes Distritos do Município, para mandarem ao menos um escravo de cada casa, a fim

---

49 Cartório do 1º Ofício Criminal de Franca, Processo nº 523, cx. 17, folha 05, 1859, AHMUF.

98 RICARDO ALEXANDRE FERREIRA

de serem testemunhas oculares de um tão exemplar ato, concorrendo por isto muita gente dos referidos Distritos.[50]

Esta informação recebeu *aplausos* da Presidência da província em virtude do espetáculo exemplar em que foi convertida a execução destes dois cativos.

A disputa de forças entre agentes da justiça e senhores resultou, em muitos casos, em perdas maiores para os cativos, que, depois de ter seus atos entendidos como faltas, eram castigados pelos senhores e, se configurassem crimes, apenados pela justiça. As artimanhas dos senhores surtiram grandes efeitos, minimizando o número de condenações efetivamente aplicadas aos escravos. Menos eficaz foi a intervenção da justiça para coibir os excessos e sevícias praticados pelos senhores em seus cativos.

Todavia, ao longo do século XIX, as ações das autoridades tornavam-se tão rigorosas quanto mais aumentavam as notícias de crimes isolados, levantes e fugas de cativos nas zonas de lavouras exportadoras. Este movimento também pôde ser detectado em Franca, onde a presença de poucos escravos poderia indicar a improbabilidade de uma insurreição.

Uma insurreição sem escravos

Mesmo não sendo uma especificidade do último século de cativeiro oficial de africanos e seus descendentes no Brasil, é possível

---

50 Ofícios Diversos Franca, lata 01019, pasta 1, documento 2A, DAESP. Sabe-se da resposta da Presidência da província, em virtude do rascunho do ofício a ser mandado para Franca ter sido escrito no próprio ofício enviado pelo prefeito de Franca. Foram empreendidas consultas no Arquivo Histórico Municipal de Franca, nos Arquivos da Corte de Apelação lotados no Arquivo Nacional do Rio de Janeiro, bem como no acervo do Tribunal da Relação de São Paulo sob guarda do Arquivo do Tribunal de Justiça de São Paulo, e em nenhum destes locais foi possível localizar o processo mencionado ou mesmo um traslado possivelmente enviado para fins de apelação.

SENHORES DE POUCOS ESCRAVOS **99**

observar que nas localidades de grande concentração de escravos —
fossem elas rurais ou urbanas —, e consequentemente nas argumentações de alguns políticos da época favoráveis ao fim gradativo da
escravidão no país — tais como José Bonifácio (cf. Silva, 1999) —,
verificava-se uma expectativa temerária de que no país pudesse
ocorrer um episódio semelhante à rebelião de cativos que culminou
com o fim da escravatura e a independência do Haiti (na época São
Domingos) em fins do século XVIII. O *levante dos malês*, ocorrido
em Salvador, na Bahia, em janeiro de 1835 — apesar de fracassado —,
deu novo impulso a estas ideias (Reis, 1986).

Como já mencionado no capítulo 1, verificou-se que nas décadas de 1860 e 1870 o número de crimes praticados por escravos nas
regiões paulistas de lavouras exportadoras cresceu, motivando ainda maiores preocupações por parte das autoridades.

> os ecos das revoltas de escravos nas fazendas e vilas ressoam no
> recinto da Assembleia Legislativa Provincial de São Paulo, sobretudo
> em meados dos anos 1970 ... aqueles que tinham de tratar direta ou
> indiretamente com a questão da criminalidade escrava — os chefes
> de polícia e presidentes de província — não poucas vezes deixaram
> entrever um misto de medo, impotência e incerteza quanto ao futuro
> próximo da província, muito embora na qualidade de altas autoridades
> devessem ostentar a imagem de circunspecção e controle competente
> da situação social. (Azevedo, 1987, p.180)

Se nos debates políticos e nas regiões de muitos escravos os temores pareciam ser efetivos, numa região de predomínio das pequenas posses cativas o mesmo poderia não se verificar. Ainda nos
anos 1850, ao enviar a resposta a um ofício emitido pelo presidente
da província de São Paulo, o então promotor público de Franca,
Evaristo de Araujo, afirmou não existir na população nenhum receio de uma insurreição.

> não há o menor perigo, não só porque o número de escravos não é tão
> avultado como em outros lugares da Província, e pelo contrário ele é
> limitado e muito inferior à população livre; como também porque o

gênero de trabalho em que são empregados não é tão pesado que os leve a cometer o crime de insurreição.[51]

No entanto, onze anos mais tarde, alguns boatos espalharam-se por Franca dando conta de que os escravos da região de fazendas conhecida como Chapadão haviam encomendado armas a um ferreiro com a finalidade de insurgir-se contra seus senhores. Inteirado dos fatos, o promotor público tratou de proceder à denúncia contra os acusados:

Ilmo. Sr. Delegado de Polícia

O Promotor Público desta Comarca vem denunciar a Vossa Senhoria Damazo de Tal, com a profissão de ferreiro e morador no distrito das Cannoas, Termo de Passos (MG) ... pelo fato que passo a referir:

Este Damazo foi incumbido pelos escravos de Dona Ana Euzébia Carolina Diniz, Feliciana Severina Diniz e Cyrilla [nora de Feliciana], viúvas e moradoras no distrito de Santa Rita do Paraíso, para fabricar um grande número de azagaias e chuços afim de insurgirem-se. Antonio Borges, morador no mesmo distrito, foi disto avisado e participou a seu cunhado Francisco Severino, cuja mulher comunicou a seu irmão José Joaquim Ferreira, o qual mandou um indivíduo à casa de Damazo para verificar. E com efeito verificou que Damazo tinha aquela incumbência dos ditos escravos. Acresce que consta haver na Fazenda de Dona Anna Euzébia dois escravos fugidos e estranhos, [ao que parece] andam aliciando seus parceiros para insurgirem-se. À vista dos boatos que têm aparecido, e de algumas falas, é provável e muito presumível o fato denunciado, *pois que de toda parte ouve-se o receio de uma insurreição*. Cumprindo que se atalhe um mal iminente, e de consequências tão funestas, venho dar a presente denúncia ...[52]

Em virtude da denúncia do Promotor, o ferreiro Damazo foi preso em sua casa. As supostas encomendas dos cativos não foram encontradas, apenas quatro armas de fogo que Damazo tinha em sua

---

51 Ofícios Diversos Franca, lata 01021, pasta 1, documento 99, DAESP.
52 Cartório do 1° Ofício Criminal de Franca, Processo n° 634, cx. 22, folha 02, 1865, AHMUF (Itálicos nossos).

SENHORES DE POUCOS ESCRAVOS **101**

residência. Interrogado, o ferreiro negou que tivesse recebido encomenda de escravos para fabricar chuços e azagaias. Em relação ao seu conhecimento com as senhoras e com os referidos cativos, o acusado disse ter dirigido-se algumas vezes até a fazenda das viúvas para tratar de escravos doentes como curandeiro.

Quanto aos escravos, o delegado expediu um mandado de prisão, ordenando que uma escolta da Guarda Nacional fosse até a fazenda das referidas viúvas e lá prendessem todos os escravos com mais de 16 anos. Cumprido o mandado, a escolta prendeu vinte cativos, nove de dona Anna Euzébia, quatro de dona Feliciana, quatro de dona Cyrilla de Tal e três de Antonio Joaquim da Silva.

O número de vinte escravos presos parece não ter sido ocasional, sobretudo se considerado que os cativos de Antonio Joaquim da Silva nem constavam da denúncia. Uma possível explicação está no próprio Código Criminal: "Capítulo IV – Insurreição – Art. 113. Julgar-se-á cometido este crime, reunindo-se vinte ou mais escravos para haverem a liberdade por meio da força".[53]

Apenas dezenove cativos foram qualificados, pois Antonio Joaquim da Silva solicitou ao delegado a soltura de um de seus escravos, alegando a total impossibilidade de conduzir o trabalho em sua fazenda sem os cativos. Na petição que enviou ao juiz, Antonio queixava-se ainda de que vários instrumentos de sua propriedade tinham sido utilizados pela escolta para prender os cativos, e nada fora devolvido.

As testemunhas — como se verificou na maioria dos processos compulsados — contaram o que ouviram nos boatos, repetindo os fatos já conhecidos ou reafirmando que Damazo havia ido até a casa das viúvas para tratar de cativos vitimados por "feitiços ou picadas de cobras".

---

53 Pierangelli, 1980, p.200. Em apoio a esta assertiva pode-se considerar uma afirmação de Thompson com relação à *Lei Negra*: "... de fato vários delitos podiam ser puxados e empurrados por todos os lados, até que coubessem dentro das formas jurídicas adequadas" (Thompson, 1987b, p.333).

Porém, a sexta testemunha (Zeferino Pacheco Macedo) acrescentou aos fatos algumas informações relativas a uma possível culpabilidade dos cativos. Zeferino alegou saber por ouvir de outro escravo (João), que por sua vez havia conversado com um dos cativos acusados, que o escravo Antonio pertencente a dona Cyrilla teria tramado pedir a sua senhora permissão para ir às Canoas (localidade situada já na província de Minas Gerais) fazer uma cobrança, a fim de acobertar sua ida ao ferreiro para buscar duas azagaias que ele mandara fazer com a finalidade de passear à noite. A mesma testemunha informou já ter ouvido alguns dos escravos acusados fazer comentários constantes a respeito de liberdade e alforria. Disse ainda que, quando fora junto à escolta prender os cativos, presenciou as senhoras deles interpelando-os do motivo pelo qual não contaram a respeito dos dois cativos fugitivos por eles escondidos e alimentados.

Em seu parecer ao final do inquérito, o promotor reconheceu a ausência de provas no depoimento das testemunhas para que os acusados fossem pronunciados. E mesmo afirmando existir indícios que combinados poderiam provocar a ação da justiça recomendou a soltura dos acusados, a qual foi atendida e o processo encerrado.

Na tentativa de eleger algumas hipóteses para o desvendamento dos fatos registrados no processo criminal abordado, pode-se lançar mão inicialmente de uma informação explicitada por Suely Robles Reis de Queiroz:

> Fossem somente receios de sublevação, fossem levantes efetivamente planejados e prontos a se concretizar não houvesse a repressão, observa-se que nas regiões paulistas de grande lavoura a tensão entre senhores e cativos era permanente. Campinas, mercê da grande escravaria que concentrou, foi palco de contínuas agitações. Até o final do regime, a região é inquietada por frequentes rumores e pelo abortamento de planos insurrecionais ... (1977, p.167)

A Estrada dos Goiases, posteriormente denominada Estrada do Sal, passava justamente por Campinas, e era a principal rota por onde transitava o chamado "sal francano". Pode-se evidenciar que o

SENHORES DE POUCOS ESCRAVOS **103**

trânsito de carros de boi e viajantes pela estrada levou consigo os rumores a que se refere Queiroz, os quais, possivelmente associados aos comentários de um escravo mais altivo sobre chuços e liberdade, e a dois cativos fugitivos escondidos nas referidas fazendas, transformaram um "ferreiro curandeiro" e vinte cativos em criminosos no município de Franca.

Mesmo não estando imersa na dinâmica da grande lavoura, a pequena escravidão existente em Franca estava intimamente ligada aos acontecimentos de outras regiões, resultando este contato em efetivos reflexos na vida da população local, que se expunha a temores próprios de localidades densamente povoadas por cativos.

Ao interferir no cotidiano de senhores e escravos, as autoridades locais demonstravam sua capacidade de questionar o poder de mando dos senhores alegando a proteção deles mesmos e de toda a sociedade local. Todavia, esse poder de mando manteve-se ativo na região, e os cativos ocuparam um lugar central na composição das forças utilizadas por alguns senhores para o cumprimento de atentados contra inimigos e outras missões criminosas.

Mando e parceria no cometimento de crimes

Nas últimas décadas, a análise da criminalidade escrava apresentou-se como temática privilegiada para a investigação de comportamentos indicadores da possibilidade dos cativos terem praticado ações condicionadoras de seu cotidiano.

Entretanto, se por um lado o número de análises a respeito das formas de ação e reação dos cativos ao sistema imposto foi bastante intenso, é possível observar que, por outro lado, os delitos praticados por escravos em razão do mando senhorial ou da parceria com pessoas livres — com exceção de notas esparsas em algumas obras — não obtiveram a mesma expressiva atenção, guardando ainda no interior dos processos criminais que os registraram importantes vestígios da ação dos escravos em conjunto com outros setores sociais no intricado cotidiano da sociedade escravista brasileira.

104 RICARDO ALEXANDRE FERREIRA

Como já explicitado no capítulo anterior, se em muitos casos os cativos de Franca atuavam em conjunto com pessoas livres em variados tipos de trabalho, não foi insignificante o número de vezes que em companhia de empregados livres e de parentes de alguns proprietários foram enviados também para o cumprimento de missões criminosas. No entanto, ao levar-se em conta a condição jurídica do escravo em relação a seu senhor, é possível questionar se esses cativos, ao cometer crimes por mando senhorial, poderiam ser denominados capangas.

A figura do capanga remete, segundo Richard Graham, à temática da força utilizada, sobretudo em eleições, no contexto das relações clientelistas por ele analisadas no cenário político brasileiro do oitocentos. Empenhado em compreender o significado evocado pela ideia de capanga no Brasil do século XIX, o autor buscou distintas definições:

> Um dicionário do século XIX define capanga como um "valentão que é pago para guarda-costas de alguém ou para serviços eleitorais; mas neste caso é mais que um galopim eleitoral, é um caceteiro, às vezes um assassino". Uma opinião mais branda, embora irônica, descreve o capanga como "um indivíduo que se lança nas lutas eleitorais em busca de um salário e muito mais ainda por gosto". (1977, p.185)

Atribuindo ao capanga a atuação em situações menos específicas do que o âmbito das eleições, Kátia de Queirós Mattoso afirma que, ao ter que se submeter às regras de pertencimento condicionadas pela família de tipo patriarcal,[54] os *agregados* — no campo — eram "como uma força policial a serviço do senhor naqueles lugares em

---

54 Entendida pela autora como o tipo de família "... na qual o *pater familias* reúne, sob sua autoridade e sob seu teto, tias e tios, sobrinhos, irmãs e irmãos solteiros, vagos primos, bastardos, afilhados, sem contar os 'agregados'. Estes últimos são livres ou alforriados, brancos pobres, mestiços ou negros, que vivem na dependência tutelar da família e são considerados como parcelas dessa comunidade familiar. Também os escravos fazem parte da família. Todos os escravos, pois o privilégio não é restrito aos domésticos" (Mattoso, 1982, p.124).

SENHORES DE POUCOS ESCRAVOS **105**

que a administração pública [esteve] ausente; [eram] os jagunços do chefe da casa".

Retomando a questão inicialmente formulada, é possível afirmar que em relação ao escravo a busca de um salário é uma possibilidade mais remota em razão de sua condição servil, sobretudo se o mandante do crime fosse o senhor. Embora não se deva desconsiderar completamente a possibilidade da atividade criminosa ser oferecida pelo senhor em troca de algumas compensações, as fontes — relativas ao município de Franca — não permitem uma análise mais categórica em virtude da ausência de vestígios nesta direção. É possível que tenha se confirmado a obrigatoriedade advinda do mando senhorial e, em alguns casos, até mesmo o gosto e a valentia.

Se o escravo agia por mando de seu senhor, é possível também questionar: teria o senhor direito de solicitar ao cativo de sua propriedade a atividade de cometer crimes? Quanto ao aspecto jurídico, Perdigão Malheiro (1976) responde que o senhor tinha o direito de auferir do escravo todo o proveito possível, isto é, exigir seus serviços gratuitamente pelo modo e pela maneira que mais lhe conviesse. Não podia, contudo, exigir dos cativos atos criminosos, ilícitos e imorais.

Como já mencionado, embora não tenha sido uma temática largamente abordada pela historiografia que se dedicou à analise da criminalidade escrava no Brasil, é possível destacar dois trabalhos que mencionam a atuação dos cativos como *braço armado dos senhores*.[55]

Com esta expressão, Silvia Hunold Lara demonstrou a presença desta faceta da criminalidade escrava nas devassas de Campos — no Rio de Janeiro — ainda no período colonial. Segundo a autora, na medida das necessidades senhoriais, os cativos, utilizados habitualmente nos serviços domésticos ou agropastoris, transformavam-se "numa espécie de milícia particular que executava atentados, castigava invasores de terras, galanteadores, pretendentes desqualificados, entre outros" (1988, p.200).

---

55 Menção ao subtítulo em Lara, 1988.

106   RICARDO ALEXANDRE FERREIRA

O mesmo foi evidenciado por Márcia Elisa de Campos Graf com relação aos crimes cometidos por escravos no Paraná. A autora destacou "que a criminalidade escrava nem sempre foi autônoma, isto é, por vezes o escravo atuava como capanga de seu senhor" (1979, p.142).

É preciso ressaltar que tanto o Paraná como Campos dos Goitacases, no período abordado pelas autoras, apresentavam importantes consonâncias com a economia e a composição da posse de escravos verificada em Franca no oitocentos. Nesta região, detectou-se também um número relativamente grande de crimes cometidos por escravos, nos quais teriam atuado como capangas de seus senhores, ou convencidos, obrigados e/ou ajudados por outras pessoas livres (ver Tabela 14).

Tabela 14 – Participação de pessoas livres nos crimes em que escravos foram indiciados como réus em Franca (1830-1888)

Modalidade	Quantidade	%
Crimes cometidos por escravos com ajuda, presença ou mando de pessoas livres	20	26,3
Crimes cometidos por escravos sem ajuda, presença ou mando de pessoas livres	56	73,7
Total	76	100,0

Fonte: Cartório do 1º Ofício Criminal de Franca, Processos Criminais 1830-1888, AHMUF.

No município de Franca, o termo capanga associado a um escravo foi explicitamente verificado no processo criminal movido contra o padre Joaquim Soares Ferreira e seu cativo Joaquim Crioulo, indiciados respectivamente como mandante e executor da tentativa de homicídio praticada contra o médico Antonio José Ruddok em maio de 1846, na vila Franca. De acordo com o depoimento da

SENHORES DE POUCOS ESCRAVOS **107**

testemunha Simão Ferreira de Menezes, "querendo o vigário Soares vender o réu, pedira um conto de réis. E que o réu dissera que como ele servira para capanga, por isso pedia tanto dinheiro, só para não o vender".[56] Apesar de o crime ter ocorrido em maio de 1846, o processo só foi instaurado em setembro daquele ano; na ocasião, Ruddok já havia sido assassinado em outro atentado. Tamanhas foram as imprecisões dos depoimentos, que o juiz entendeu não haver provas suficientes que incriminassem os réus e encerrou o processo.

Entre o conjunto de processos criminais relativos ao município de Franca analisados, é possível destacar alguns bastante representativos tanto dos crimes cometidos por mando como em razão de associações ativas e passivas dos escravos com pessoas livres. Os atentados ocorriam nas mais variadas situações do cotidiano dos habitantes da localidade, em ambientes públicos e privados, na lida diária dos campos de criação e agricultura, nos caminhos, nas vilas e arraiais.

O primeiro episódio abordado envolveu o guarda nacional Diogo José Lopes Pontes como vítima e o alferes Antonio Barbosa Sandoval como mandante.[57] De acordo com os autos, no dia 6 de abril de 1834 estavam os moradores da vila Franca na porta da Igreja Matriz, por ocasião dos eventos da Semana Santa. Ali, em forma, encontravam-se os guardas nacionais, quando se aproximou o alferes Antonio Barbosa Sandoval e, observando a tropa, inquiriu os soldados a respeito de suas armas, afirmando que algumas estavam limpas e outras sujas; diante disso, segundo o Alferes, os guardas cujas armas estavam sujas deveriam ser punidos. Ouvindo isto, um dos guardas nacionais, de nome Diogo José Lopes Pontes, teria respondido ao alferes: "o que areava era cobre de dinheiro e se ele ... Alferes

---

56 Cartório do 1º Ofício Criminal de Franca, Processo n.º 273, cx. 10, 1846, AHMUF.

57 Para que seja possível tentar compreender a rixa é necessário supor que Antonio Barbosa tenha sido, em 1834, membro direto do exército ou ainda pertencente à então recém-extinta Companhia de Ordenanças, uma vez que na época ainda não figurava nos quadros da Guarda Nacional local.

108   RICARDO ALEXANDRE FERREIRA

Barbosa queria elas areadas, que lhe desse dinheiro para ele arear e, portanto, que ele não era seu oficial para querer tomar conta das armas".[58]

Considerando-se ofendido, o alferes Barbosa mandou que o cabo José Vicente fosse dar queixa ao capitão da Guarda Nacional. Como o capitão veio até eles e não fez conta do ocorrido, ouviu-se o alferes Barbosa prometer que caso o capitão não repreendesse o guarda Diogo ele mesmo cobraria por seus modos, porque "os paus do mato ainda não tinham acabado".[59]

Como fora prometido, por volta de meia-noite do dia 6 de abril, dirigia-se o guarda Diogo para sua residência quando em uma das escuras esquinas da vila foi abordado por dois homens, ambos trajando calças brancas, chapéu, poncho. Munidos de porretes, procederam ao prometido corretivo no guarda nacional. Eram eles Antonio Barbosa Lima e Ignácio Pardo, o primeiro sobrinho e genro do alferes Antonio Barbosa Sandoval; o segundo oficial de ferreiro e escravo do mesmo alferes.

O guarda nacional sobreviveu para denunciar seus algozes, que foram presos e posteriormente soltos sob fiança. Misteriosamente, porém, quando das sessões do Conselho de Jurados, o guarda Diogo não mais compareceu para ratificar sua denúncia. Diante disso, por petição apresentada pelo alferes Barbosa, alegando a prescrição do prazo legal para ser julgado, foi declarada pelo juiz perempta, isto é, finda a acusação, mandando dar baixa na culpa dos réus.

Evidencia-se no fato a expressão do mandonismo local centrada em senhores de maiores posses, pois, contrariamente a outros proprietários de cativos que, de todas as formas, tentavam defender seus escravos imersos em crimes — com o intuito de não perder o valor monetário neles investido —, estes expunham seus cativos, se não à justiça, pelo menos ao risco de morte.

---

58 Cartório do 1º Ofício Criminal de Franca, Processo nº 149, cx. 05, 1834, AHMUF.
59 Cartório do 1º Ofício Criminal de Franca, Processo nº 149, cx. 05, 1834, AHMUF.

SENHORES DE POUCOS ESCRAVOS **109**

A personagem de maior destaque no conjunto das fontes compulsadas a respeito de crimes cometidos por cativos no município de Franca foi o capitão Jacob Ferreira de Menezes, o mesmo denunciado por marcar seus cativos com ferro quente, o qual figurou em três processos como mandante.

O primeiro dos três processos aponta várias relações, tanto de mando como da manipulação da justiça por meios legais. Portanto, é o melhor representante das atitudes deste homem. Contudo, é necessário expor minuciosamente os fatos, cuja narração contínua é fruto da síntese dos depoimentos das testemunhas, das petições dos envolvidos, bem como das demais peças dos autos.

Por volta da metade do ano de 1847, no distrito do Carmo da Franca, dona Ana Rosa de Jesus foi avisada por Antonio Marques que grande quantidade de gado do capitão Jacob estava destruindo sua plantação de feijão; a primeira atitude da mulher foi enviar uma carta a Jacob pedindo que este tomasse conta de seu gado pelo menos até que ela pudesse colher os mantimentos. O capitão não tomou providência alguma, a não ser a de comprar dois novos bacamartes, pois dizia saber que lhes seriam de grande utilidade.

No dia 1º de julho do mesmo ano o fato se repetiu e dona Ana Rosa solicitou a três de seus camaradas, de nomes Manoel Veríssimo, Joaquim Antonio e Manoel José, que retirassem o gado da lavoura. Como se já soubesse da reação de dona Ana Rosa, o capitão Jacob havia deixado um de seus filhos encarregado de avisá-lo caso ocorresse o que previa. Assim que foi comunicado do fato, Jacob mandou seu filho Francisco Ferreira, seu sobrinho José Ferreira Telles, um camarada de nome Prudêncio e dois de seus escravos, de nomes Jacinto e Francisco, ao encontro dos que estavam tocando a boiada, com a recomendação de que não tivessem medo de matar, pois ele tinha muito dinheiro para livrá-los, dizendo ainda que matassem primeiro Manoel Veríssimo. Do encontro de armas no campo resultou a morte de Manoel Veríssimo, ferimentos graves em Joaquim Antonio, bem como nos demais envolvidos.

Imediatamente após saber do conflito, dona Ana Rosa apresentou ao subdelegado do Carmo, contra o capitão Jacob e seus mandatários, sua petição de queixa, a qual não foi prontamente atendida pelo subdelegado; somente após três novas petições, um mês e dezessete dias depois do crime, abriu-se o processo para apuração dos fatos. Curiosamente, porém, no momento seguinte à inquirição das testemunhas os queixosos desistiram da causa.

O mandonismo de Jacob, contudo, encontrou quem não o quisesse obedecer. Conforme consta nos autos, um carpinteiro e seus ajudantes que trabalhavam na fazenda do Capitão teriam sido despedidos por negarem-se a cumprir a ordem de ajudar na prática do crime. Jacob teria dito que os que ganhavam o seu dinheiro eram obrigados a obedecê-lo. A maioria das testemunhas dizia saber do crime por ouvir dizer a estes carpinteiros e a um escravo, fato que veio a configurar-se, mais tarde, como decisivo para o desfecho do processo.

Uma vez que os principais interessados retiraram-se formalmente do processo, restava a Jacob conseguir sua absolvição perante a justiça e livrar os seus da cadeia. Nesta fase do processo despontou o brilhantismo de seus advogados, que descobrindo as mais insignificantes falhas na confecção dos autos, bem como dispondo da conveniente reorganização e justificação dos indícios até então investigados em cada peça do processo, conseguiram a despronúncia de Jacob no ano de 1848 e a retirada da acusação contra seus mandatários no ano de 1849.

Cabe aqui recobrar alguns argumentos utilizados pelos advogados Manoel José Pereira e Silvério Claudino da Silva no decorrer dos dois processos de apelação que motivaram a despronúncia dos réus:

— Todas as testemunhas juraram em seus depoimentos os fatos ouvidos de terceiros, e esses não foram intimados a depor. Ademais, não se pode dar crédito ao depoimento de um escravo, pois este só pode ser informante.

— Jacob mandou seus cativos, filho, sobrinho e camarada ao encontro dos que tocavam a boiada, e mandar encontrar não é mandar matar. Além do mais, ao saírem aos perigosos campos todos iam armados, embora não tivessem a intenção de ferir alguém.

SENHORES DE POUCOS ESCRAVOS **111**

— E finalmente, Jacob, por ser pai de uma grande prole e temente a Deus, jamais mandaria seus próprios filho e sobrinho, bem como escravos de vultoso valor financeiro, em uma empreitada melhor executada por mercenários, além de não ligar seu nome ao delito. Ainda nessa argumentação Jacob alegava ser parente dos queixosos, o que, segundo ele, tornava mais absurdo o fato a ele imputado.

Entre outras, essas argumentações livraram Jacob da acusação de ser o mandante do crime, e todas as imprecisões e incoerências nos depoimentos das testemunhas, bem como falhas na elaboração dos autos de corpo de delito procedidos nos ofendidos foram suficientes para destituir todo o processo de qualquer credibilidade perante o juiz, que aos demais despronunciou e libertou.[60]

A participação de pessoas livres nos crimes cometidos por escravos no município de Franca também se evidenciou pela existência de situações em que os escravos teriam sido coagidos a cometer delitos por livres não relacionados a seus senhores.

No dia 13 de abril de 1864, à tarde, na fazenda Ribeirão Corrente, ocorreu um triplo homicídio. As vítimas foram Constancia Maria da Conceição — grávida de oito meses — e sua filha de nome Maria. Os autos de corpo de delito realizados nas vítimas registraram as dimensões da crueldade empregada no ato criminoso. De acordo com os peritos, além de vários ferimentos pelo corpo, Constancia teve um dos olhos arrancado, todos os ossos do peito quebrados, um corte na vagina que media seis polegadas, o lábio superior do lado esquerdo cortado, e ainda a criança morta no ventre da mãe. Quanto à inocente Maria, além de vários ferimentos, também teve a orelha do lado direito cortada e, como a mãe, todos os ossos do peito quebrados. O crime causou grande comoção nos moradores da região, que no local construíram uma capela, atribuindo-se à Constancia inclusive a realização de milagres. A fazenda teria dado origem à atual cidade de Ribeirão Corrente.

---

60 Cartório do 1º Ofício Criminal de Franca, Processo nº 609, cx. 21, 1864, AHMUF.

112 RICARDO ALEXANDRE FERREIRA

Os acusados pelo delito foram Francisco Antunes de Camargo — dono de um longo rol de antecedentes criminais: furto, deserção, homicídio, fuga de cadeia, sedução e faltas disciplinares no destacamento de permanentes de Franca, onde servia como militar — e Francisco, escravo de dona Rosa Angélica de Jesus. Após um primeiro depoimento, no qual negava qualquer participação no crime, o escravo foi novamente inquirido e desta vez atribuiu a prática do crime ao fato de ter sido obrigado por Francisco Antunes de Camargo.

De acordo com o cativo, a casa da vítima localizava-se a uma pequena distância da residência de sua senhora. No dia do crime, ocupava-se com as tarefas de alimentar os animais e abater um porco quando foi surpreendido por Francisco Camargo, o qual o obrigou a acompanhá-lo até a casa da vítima sob a mira de uma arma. Lá chegando, o homem perguntou à dona da casa por seu marido. Em seguida agarrou a mulher pelos cabelos e a arrastou para o interior da residência, onde a assassinou, obrigando-o a fazer o mesmo com a pequena Maria.

Por ocasião do julgamento, considerou-se que o depoimento das testemunhas, bem como as provas constantes nos autos comprovavam a inocência do escravo Francisco. Francisco Antunes de Camargo foi condenado à pena capital, comutada pelo imperador em galés perpétuas. Francisco Antunes foi remetido para a Ilha de Fernando de Noronha, onde morreu — vítima de um assassinato — em 7 de julho de 1878.[61]

Representativa dos processos nos quais foi possível verificar outras formas de mando e associação entre livres e escravos para o cometimento de crimes, a última narrativa teve como ré a escrava Joaquina, pertencente a Maria Antonia de Jesus. A escrava foi acusada de cumplicidade num delito praticado em conjunto com dois imigrantes italianos que moravam em Franca. Joaquina teria cometido o crime a mando de um dos italianos.

---

61 Cartório do 1° Ofício Criminal de Franca, Processo n° 609, cx. 21, 1864, AHMUF.

SENHORES DE POUCOS ESCRAVOS **113**

O padre Germano de Annecy (responsável pela autoria do Relógio do Sol que figura até os dias atuais na praça central de Franca) figurou como vítima do furto — imputado a Joaquina — que lhe suprimiu todas as economias guardadas em uma canastra em seu quarto, localizado na chácara do monsenhor Candido Martins da Silveira Rosa, onde residiam os religiosos, a cativa Joaquina e outros escravos a serviço dos padres.

O delito ocorreu na "sexta-feira da paixão" do ano de 1886, por volta das dezoito horas, oportunidade em que os religiosos encontravam-se na igreja Matriz de Franca. A apuração dos fatos foi acompanhada por inúmeras pessoas. A escrava Joaquina, submetida a vários depoimentos, utilizou-se da pressão por ela sofrida para justificar suas mudanças de versão. De acordo com a própria cativa, "se vacilou algumas vezes em suas respostas foi porque é mulher e fraca".[62]

Inicialmente, Joaquina incriminou seus tios, moradores na mesma residência em que ocorreu o delito. Em outro depoimento, acusou os italianos Pascoal Pezzini e Francisco Tarssia por a terem ameaçado caso os incriminasse, motivo pelo qual acusara seus tios. Em novo interrogatório, Joaquina alegou ter sido espancada na prisão para confessar o crime e acusar os dois italianos. A mudança de depoimento da ré, associada a testemunhos conseguidos pelos italianos que atestavam suas presenças na cidade no momento da ocorrência do delito, motivou a atitude do juiz de direito, o qual julgou o sumário de culpa improcedente, ordenando a libertação dos acusados.

No decorrer do processo, a versão mais difundida afirmava que os italianos teriam sido os autores do crime auxiliados por Joaquina, que lhes franqueara a entrada na casa. O fato da relação da cativa com Pascoal e Tarssia seria creditado à evidência apurada nos autos de que ela mantinha relações amorosas com Francisco Tarssia.

---

62 Cartório do 1º Ofício Criminal de Franca, Processo nº 1182, cx. 56, 1886, AHMUF.

Ao marcar o cotidiano dos cativos que viveram no município de Franca, as relações com variados grupos sociais nas ações praticadas em parcerias ou mesmo por mando dos senhores ou terceiros contribuem para o desvendar da relação estabelecida entre senhores e escravos numa região de predomínio das pequenas posses de cativos.

Se o agregado e o camarada poderiam figurar como os elementos privilegiados para a composição das milícias particulares dos senhores mais abastados, verifica-se que numa região financeiramente mais modesta o mando do proprietário direcionado ao cumprimento de atividades delituosas incidia sobre todos da casa, inclusive filhos e escravos.

Além da iminente morte dos cativos durante os atentados, deve-se considerar ainda que eles também recebiam armas (20% do total de crimes cometidos por escravos em Franca ocorreram com o uso de armas de fogo) para o cumprimento de suas missões, as quais poderiam ser utilizadas contra os senhores; no entanto, em nenhum dos processos analisados foi possível perceber a ocorrência desta prática. Da mesma maneira, não foram verificadas fugas de escravos, que muitas vezes encontravam-se munidos de recursos fundamentais para este fim no momento em que partiam para o cumprimento de atentados.

Ademais, considerando-se alguns processos em que é possível evidenciar a cooperação de cativos e livres para o cometimento de delitos, pode-se inferir um conjunto bastante complexo de ligações entre grupos sociais distintos, os quais acabavam por se configurar no cotidiano mais por suas necessidades imediatas do que pela condição jurídica ou mesmo racial.

Tentar compreender o cotidiano cativo numa localidade de predomínio das pequenas posses de escravos por meio da análise de processos criminais implica considerar as tensões que dia a dia marcavam a vida dos escravos. De um lado, a relação quase sempre direta com os senhores; de outro, a intervenção da justiça. Ambos prioritariamente reservando aos cativos a punição pelos atos considerados faltas, infrações ou crimes.

Contudo, em meio a este delicado jogo de poderes, os escravos conseguiam se movimentar, estabelecer vínculos com outros grupos sociais, escapar das punições e constituir suas vidas. Assim, embora vigiados de perto pelos senhores e pela lei, foi principalmemte com pessoas livres — distintas de seus proprietários — que os cativos se relacionaram nas ações conflituosas registradas e apuradas nos processos criminais do município de Franca. Estas relações, bem como as estabelecidas com outros escravos e com os libertos em andanças pelos mais diversos locais do município, ocupam o próximo e último capítulo do livro.

3
Os conflitos no cotidiano — longe dos senhores

Muitas vezes próximos dos cativos durante o trabalho, os senhores e seus familiares não figuram, nos processos analisados, como suas vítimas e réus mais recorrentes. Em que pesem as artimanhas dos proprietários para burlar a ação da justiça, bem como o presumível sub-registro das fontes compulsadas, foram as demais pessoas livres e os parceiros de cativeiro que mais se envolveram em crimes contra os escravos no município de Franca (ver Gráfico 2).

Quanto aos tipos de delitos praticados e sofridos pelos cativos, sobressaem os *crimes contra a pessoa* ou *de sangue*, principalmente os homicídios (consumados ou tentativas) e os ferimentos. Esta característica provavelmente não reflete uma especificidade do cativeiro, pois acompanha o padrão geral dos registros de criminalidade concernentes ao restante da população do município no mesmo período (ver gráficos 3 e 4).

Levando-se em conta estes indícios, bem como os avanços da historiografia dedicada ao estudo da história social da escravidão no Brasil,[1] infere-se que a preponderância dos *crimes de sangue* esteja

---

1 Acredita-se que o pequeno número de crimes contra os senhores, em relação ao restante das vítimas de escravos em Franca, não seja passível de comparação entre regiões, pois seria necessário medir possíveis causas e níveis de sub-repre-

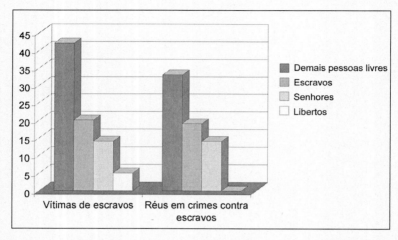

Figura 3 – Condição social dos réus e vítimas de escravos, Franca 1830-1888.
Total de pessoas consideradas: 147. Fonte: Cartório do 1º Ofício Criminal de Franca, Processos Criminais 1830-1888, AHMUF.

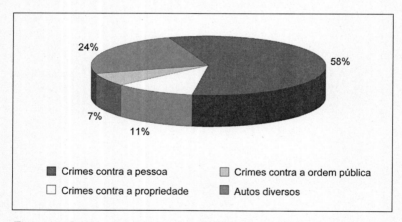

Figura 4 – Crimes cometidos por pessoas livres no município de Franca entre 1830 e 1888.
Total de processos considerados: 1.084. Fonte: Cartório do 1º Ofício Criminal de Franca, Processos Criminais 1830-1888, AHMUF.

---

sentação dos processos efetivamente analisados, de acordo com as especificidades de cada lugar. Contudo, é possível agregar aos dados considerados na análise

associada a desfechos violentos para divergências dos cativos com pessoas de diferentes grupos sociais, em sua maioria originadas em situações aparentemente corriqueiras, mas não sem importância para os envolvidos.[2]

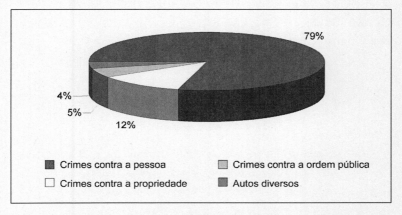

Figura 5 – Crimes cometidos por escravos no município de Franca entre 1830 e 1888.
Total de processos considerados: 76. Fonte: Cartório do 1º Ofício Criminal de Franca, Processos Criminais 1830-1888, AHMUF.

---

que a preponderância de *delitos contra a pessoa* repete-se em outros trabalhos que analisaram a criminalidade escrava, por meio de processos criminais, em diferentes localidades e períodos. As regiões mencionadas são: Campinas e Taubaté, em Machado, 1987; Campos do Goitacases, em Lara, 1988; a comarca de São Paulo, em Wissenbach, 1998; Juiz de Fora, em Guimarães, 2001; e a comarca do Rio das Mortes, em Cardoso, 2002. No entanto, uma ressalva é necessária. Quando as fontes privilegiadas para a análise da criminalidade escrava compõem-se dos registros diários de prisão de cativos, é possível encontrar padrões distintos. Leila Mezan Algranti (1988) verificou que nas duas primeiras décadas do século XIX o predomínio de prisões de escravos por infrações classificadas como *contra a ordem pública* foi o mais recorrente no Rio de Janeiro.

2 Os ajustes violentos constituiriam, segundo Maria Sylvia de Carvalho Franco, um *código* entranhado nas relações de trabalho, lazer, vizinhança e parentesco dos *homens livres pobres*, que, no oitocentos, pertenciam à *velha civilização do café*, na região do Vale do Paraíba (paulista e carioca). De acordo com a autora, "A emergência desse código que sancionou a violência prende-se às próprias

Assim, este último capítulo é dedicado à reconstrução da outra face do cativeiro no município de Franca. Delineado por eventos ocorridos fora da presença dos senhores, este outro lado do cotidiano dos escravos era marcado por furtivas ou consentidas andanças pelos mais diversos locais da zona rural e dos núcleos urbanos, culminando em ações tidas como delituosas, sofridas ou praticadas, contra outros cativos, livres e libertos.

Num ambiente rural:
mobilidade espacial e criminalidade escrava

A temática da liberdade de movimentação dos cativos evoca a dinâmica da escravidão praticada em centros urbanos, com especial destaque para o cotidiano dos *escravos ao ganho*. De forma geral, a função destes cativos consistia em andar pelas ruas desempenhando os mais diversos trabalhos, para arrecadar uma quantia fixa — e muitas vezes alta — de dinheiro a ser entregue aos senhores em períodos previamente acertados. Em alguns casos, esses escravos nem mesmo residiam com seus proprietários, embora as leis municipais proibissem o aluguel de casas para cativos sem a expressa autorização de seus donos.[3]

---

condições de constituição e desenvolvimento da sociedade de homens livres e pobres" (Franco, 1974, 1997, p. 60). Maria Cristina Cortez Wissenbach (1998, sobretudo cap.3) afirma que este código de violência, ratificado pelos moradores dos arredores rurais de São Paulo e intimamente ligado à coerção imposta aos escravos também era utilizado como recursos de defesa e sobrevivência pelos próprios cativos. É preciso destacar, contudo, a crítica feita por Sidney Chalhoub (1986) à interpretação de Franco quanto ao caráter banal e imediato conferido às motivações dos *ajustes violentos*. Referindo-se à análise da criminalidade no Rio de Janeiro do início do século XX , Chalhoub prefere admitir três momentos: a rixa como situação de tensão mais prolongada que conduziria ao desafio e deste ao conflito. Aqui serão levadas em conta as três posições, de acordo com as demandas de análise suscitadas pelas fontes compulsadas.

3 O Rio de Janeiro foi privilegiado para as análises da história do cativeiro urbano no Brasil. Importantes trabalhos dedicaram-se a deslindar os mais variados aspectos e peculiaridades desta faceta da escravidão, questionando principal-

SENHORES DE POUCOS ESCRAVOS **121**

Contudo, oposto a localidades como Salvador e Rio de Janeiro, zonas urbanas que concentraram grande escravaria, verificou-se nos processos criminais do rural município de Franca, que os cativos circulavam pelos mais variados locais, acompanhados apenas pelos olhos de autoridades e indivíduos pertencentes *ao universo de relações pessoais* dos senhores.[4]

> Reverendíssimo Senhor Padre Francisco
> Tenho algodão de três qualidades. O melhor custa 600 réis a vara e os outros: um é de 500 réis e o outro de 400 réis. A peça do algodão melhor custa 7$000 (sete mil réis). Seu Criado. Joaquim Augusto da Cunha e Silva
>
> [Resposta supostamente escrita pelo padre]
> Ilmo. Sr. [...]
> Por este mesmo portador mande-me 10 varas de Americano (algodão), 1 lenço branco e novelos. O Escrevi. Francisco.[5]

Utilizando-se deste bilhete, Sebastião, escravo de Joaquim Theodoro de Almeida, morador na fazenda do Buriti, teria tentado aplicar um golpe, com a ajuda do livre Antonio Dionysio de Castro, no comerciante Joaquim Augusto da Cunha e Silva. Em seu depoimento, o cativo Sebastião afirmou ter ido até Franca no dia do crime

---

mente as formas de vigilância e as estratégias de sobrevivência de cativos que dispunham de um elevado grau de mobilidade espacial. Entre outros, ver: Algranti, 1988; Soares, 1988; Holloway, 1997; Karasch, 2000; e Soares, 2001. Para Salvador, outro importante centro urbano de cativos no Brasil, ver: Mattoso, 1982, sobretudo o item "As solidariedades encontradas: o trabalho", p. 134-43; Reis, 1986; e Oliveira, 1988.

4 De acordo com Silvia Hunold Lara, mesmo fisicamente longe dos proprietários, existia algo que mantinha os cativos dentro dos limites da dominação senhorial para a qual a presença de feitores era fundamental, porém insuficiente. "Todo um universo de relações pessoais encarregava-se de identificar os cativos e reafirmar sua condição, lembrando-lhes quem era seu senhor e controlando-lhes as atividades" (Lara, 1988, p. 236).

5 Reprodução dos bilhetes anexados aos autos. Cartório do 1º Ofício Criminal de Franca, Processo n.º 604, cx. 21, sem n.º de folha, 1863, AHMUF.

122 RICARDO ALEXANDRE FERREIRA

(22 de novembro de 1863), sem o consentimento de seu senhor, para vender algumas galinhas, detalhando o itinerário tomado:

> depois de haver vendido as galinhas a Antonio Marcelino, foi à casa do Tenente Felisbino comprar umas fazendas, depois foi à casa de Felício José da Silveira comprar aguardente, voltando passou pela casa onde morou José Joaquim Moreira e ali um moço que não sabe o nome deu-lhe um bilhete para levar á casa onde mora o dito Moreira, no sobrado ... e como achou a loja fechada, voltou com o bilhete e entregou ao moço, e este o mandou de novo com um bilhete à loja que estava na casa do Tenente Espíndola, ... o dono da loja disse-lhe que depois havia de mandar [as mercadorias] e deu-lhe o bilhete. [Sebastião] saiu em direção à Fazenda de seu senhor, quando foi preso ...[6]

De acordo com o depoimento do comerciante, o escravo teria ido até sua casa em nome do padre Francisco saber se dispunha de algodão e o preço. Após ouvir uma resposta positiva, o cativo saiu, e retornando posteriormente disse que o reverendo havia lhe mandado buscar dez varas do "algodãozinho".

A vítima negou-se a entregar as mercadorias sem um bilhete de autorização do padre, e enviou pelo mesmo cativo um recado por escrito ao reverendo, com os preços do algodão de que dispunha. O mesmo bilhete foi novamente levado pelo cativo até a loja, com a suposta autorização do padre Francisco escrita no verso. O desconfiado comerciante, porém, não reconhecendo o réu como escravo do padre, disse que posteriormente mandaria entregar a mercadoria.

Joaquim de Paula Guimarães — que estava presente na casa do negociante nos momentos em que lá estivera o escravo Sebastião — foi enviado pela vítima até a casa do padre Francisco para confirmar a autorização de compra. Ao chegar, viu o escravo Sebastião entrar e sair rapidamente. Dirigindo-se ao reverendo, ouviu que tal bilhete não fora escrito por ele, bem como nenhum cativo havia sido enviado para comprar tecidos e linhas na loja de Joaquim Augusto.

---

6 Cartório do 1º Ofício Criminal de Franca, Processo n.º 604, cx. 21, sem n.º de folha, 1863, AHMUF.

SENHORES DE POUCOS ESCRAVOS **123**

Com o desenrolar do inquérito, apurou-se que o bilhete fora escrito por Antonio Dionysio de Castro. No entanto, os relatos dos depoentes evidenciam a clara intenção de atenuar a culpa "do moço Antonio, filho da finada Hedvirgens", que afirmaram que fora o escravo quem o procurara pedindo-lhe que escrevesse o bilhete.

Os réus foram considerados culpados pela prática do crime de estelionato. Até o fim do processo não foi registrada a captura de Antonio Dionysio. Quanto ao escravo Sebastião, preso logo após a tentativa de golpe, seu senhor tentou solicitar sua soltura sob fiança, a qual não foi concedida pela falta do parecer de um promotor público. Quando finalmente o promotor chegou à cidade já era tarde — o escravo Sebastião havia morrido na cadeia, vítima de uma epidemia de "bexigas" (varíola).

Como já apontado pela historiografia, os *crimes contra a propriedade* cometidos por cativos eram, tanto quanto possível, resolvidos reservadamente entre os senhores e as vítimas. Este argumento poderia explicar o pequeno número de registros criminais desta natureza em Franca, os quais representam apenas 12% do total de processos que envolveram cativos como réus. Contudo, a quantificação dos crimes cometidos pelo restante da população indica que *os crimes contra a propriedade* compõem uma parcela percentualmente semelhante — 11% (ver gráficos 2 e 3). Assim, supõe-se que a explicação para o reduzido número de registros a respeito de furtos, roubos e estelionatos aplicados por escravos esteja vinculada a uma prática mais geral da população livre na solução de seus próprios delitos.

Embora não tenham sido verificados *desvios da produção*, como os apontados por Maria Helena Machado para Campinas e Taubaté,[7] ou mesmo furtos de roupas, sapatos e chapéus, de significado simbólico, detectados por Maria Cristina Cortez Wissenbach na comarca

---

7 Desvios de produtos (principalmente café, açúcar, feijão, entre outros) levados pelos cativos das fazendas até tabernas e vendas, onde eram trocados ou vendidos. De acordo com a autora, estas práticas "suplementavam uma economia independente dos escravos". Cf. Machado, 1987; sobretudo o item "Trabalho, compensação e crime: estratégias e contraestratégias". Cf. também: Machado, 1988.

124 RICARDO ALEXANDRE FERREIRA

de São Paulo,[8] os processos relativos aos *crimes contra a propriedade* cometidos por escravos no município de Franca contribuem na evidenciação do acentuado grau de mobilidade espacial dos cativos. A vila e depois cidade de Franca não foi o único núcleo urbano constante nos processos analisados, mas o principal. Até a metade do século XIX, o arraial pouco diferia da delimitação das terras doadas à Igreja para a fundação da freguesia de Nossa Senhora da Conceição da Franca, ainda em 1805. Entre momentos de expansão e refluxo, a partir da segunda metade do século, e principalmente com a chegada de imigrantes, o perímetro urbano foi mais valorizado (Bentivoglio, 1997).

> Durante o século XIX, o espaço urbano de Franca misturou territórios diversos, não havendo fronteiras rígidas entre bairros ricos e bairros pobres, aliás, [nem] sequer era possível fazer essa distinção, dado o caráter rústico e precário das construções, incluindo aí a Câmara, igrejas e demais edificações. (ibidem, p.133)

Nas fontes pesquisadas, destacaram-se como cenários relativamente recorrentes da prática de crimes as regiões conhecidas como *subúrbios da vila*, ou seja, os confins do núcleo urbano, as áreas mais próximas dos confusos limites com a zona rural (ibidem). Entretanto, a quantificação dos locais em que foram praticados os delitos permite observar que o espaço privilegiado de sua ocorrência foi a zona rural, tanto no que concerne aos cometidos como em relação aos sofridos pelos cativos (ver Tabela 15).

Se o espaço privilegiado da criminalidade acompanhou a vocação econômica da região, voltada para o mundo rural, é possível afirmar que não havia um período (dias e noites)[9] em que os crimes praticados

---

8 "parte das apropriações teve sentido claramente simbólico: o roubo de um par de botinas ou de um chapéu elegante de mulher que, no dia seguinte, eram desfilados desajeitados, mas orgulhosamente, pelos escravos nas ruas da cidade" (Wissenbach, 1998, p.52). O mesmo tema tem sua análise detalhada no capítulo 6 da mesma obra: "Arranjos da sobrevivência escrava".

9 Próximo à vila Franca o horário era conhecido por pessoas que, em geral, não possuíam relógios, por meio do intervalo de duas em duas horas que a sentinela,

SENHORES DE POUCOS ESCRAVOS **125**

pelos cativos ocorressem mais frequentemente (ver Tabela 16). Intimamente vinculada à criminalidade, a mobilidade espacial dos cativos nem sempre respeitava a autoridade dos senhores, menos ainda as leis municipais que regulamentavam o toque de recolher.[10]

Tabela 15 – Locais dos crimes e ocorrências em que escravos figuram como réus e/ou vítimas no município de Franca (1830-1888)

Locais	Escravos indiciados como réus	%	Escravos arrolados como vítimas	%
Áreas rurais	45	59,2	35	56,5
Núcleos urbanos	23	30,3	19	30,6
Desconhecido	8	10,5	8	12,9
Total	76	100,0	62	100,0

Fonte: Cartório do 1º Ofício Criminal de Franca, Processos Criminais 1830-1888, AHMUF.

Em alguns casos, a desvinculação do poder senhorial, sugerida pelas constantes andanças, deixava de representar um processo gradual de alargamento das condições de vida dos cativos, para adentrar o terreno mais consensual da criminalidade, assim entendida tanto pela justiça como por aterrorizados moradores da região.

Na década de 1880, um escravo passou a ser temido pela prática de crimes sexuais no município. Várias pessoas foram por ele violentadas, assim como muitas histórias foram dele contadas. Três processos —

---

no destacamento de municipais permanentes, era obrigada a bradar e pelo sino da matriz que sempre tocava às oito da noite (toque de recolher). Cartório do 1º Ofício Criminal de Franca, Processo n.º 485, cx. 16, 1857, AHMUF. As outras referências a horários nos processos eram determinadas pelo nascer e o pôr do sol, bem como pelas demais atividades que se desempenhavam ao longo de dias e noites com certa regularidade, por exemplo, o jantar e a hora do terço.

10 O toque de recolher era dado às 20h no inverno e às 21h no verão, limites após os quais os cativos eram proibidos de circular pelo município sem expressa anuência, por escrito, dos senhores. Posturas Municipais de Franca, cx. 16, volume 84, folha 05, artigo 33, 1831, MHMF.

evidenciando mais que este número de crimes — apontaram como criminoso o cativo de José Pedro Alves Branquinho de nome Joaquim, solteiro, com aproximadamente 20 anos de idade.

Tabela 16 – Horários dos crimes e ocorrências em que escravos figuram como réus e/ou vítimas no município de Franca (1830-1888)

Horários	Escravos indiciados como réus	%	Escravos arrolados como vítimas	%
Entre 6h e 18h	28	36,8	11	17,7
Entre 19h e 5h	29	38,2	19	30,7
Desconhecido	19	25,0	32	51,6
Total	76	100,0	62	100,0

Fonte: Cartório do 1º Ofício Criminal de Franca, Processos Criminais 1830-1888, AHMUF.

Em 18 de fevereiro de 1884, às cinco da tarde em uma estrada da fazenda Chapadão, em Santa Rita do Paraíso (atual cidade de Igarapava), a menina Cristina, de 14 anos, seguia da casa de Ana Luisa Alves para a de seu padrinho Carlos Joaquim de Andrade, em companhia de Anna Justina de Jesus e de sua mãe, quando Joaquim as surpreendeu, tomando sua vítima pelas mãos. Em seu socorro acorreram as duas mulheres, que nada puderam fazer diante da faca desembainhada pelo cativo, a não ser: correr Anna para pedir ajuda, e permanecer a mãe com a filha, até que o sol se pôs.

Ao ouvir o relato dos fatos narrados pela própria Cristina, registrou o escrivão:

> O ofensor segurando-lhe pela garganta foi arrastando-a até a roça de milho e ali, debaixo de grande chuva, fez ele ofensor uma cama de palhas de milho onde obrigara a respondente a deitar-se deflorando e tendo relações ou cópula carnal com ela respondente por duas vezes ... e quando o galo cantara a primeira vez, seguira o ofensor conduzindo ela respondente pela [margem] do córrego ou ribeirão do Chapadão e atravessando este fora para o capão da onça, onde [pela] terceira vez tivera cópula com ela. E quando ali se achavam, chegaram Cassemiro camarada e Rafael escravo. Quando Joaquim viu estes mandou que ela

SENHORES DE POUCOS ESCRAVOS **127**

respondente corresse ... e ela respondente vendo Cassemiro ... correra
para o seu lado, e então ele a trouxe para casa ...[11]

Os dois homens resgataram a vítima e prenderam o escravo
na casa do padrinho da vítima. O senhor do cativo ordenou que
três capangas fossem até a casa e buscassem Joaquim. Antes de
ser libertado, o cativo teria afirmado não ser a primeira vez que
mantinha relações sexuais com a vítima, dizendo ainda que a
menina esteve em sua companhia por livre vontade.

Dias depois o réu foi entregar-se à polícia, confessando o crime
tal como havia sido narrado pela vítima. Joaquim disse que seu
senhor mandou os capangas para matarem-no. Denunciou, ainda,
existirem quatro criminosos procurados por assassinatos na casa de
seu senhor, a quem também indicou como homicida, por mandar
matar um indivíduo e jogar seu cadáver nas águas do Rio Grande,
ficando com a esposa dele como sua companheira.

As testemunhas ouvidas no processo confirmaram os fatos
relatados por Joaquim a respeito de seu senhor, porém também
juraram não ser a primeira vez que o réu raptara moças para fins
libidinosos. Uma delas, chamada Anna de tal, permaneceu com o
cativo no mato por um mês, e outra, filha de Francisco da Costa,
foi vítima de uma tentativa de rapto que acabou frustrada. Julgado
pelo estupro da menor Cristina, Joaquim foi condenado à pena de
duzentos açoites e a carregar um ferro no pescoço por um ano. A
pena de açoites foi cumprida no prédio do Fórum em quatro dias,
durante os quais Joaquim teria zombado do castigo.

Dois anos mais tarde, na mesma fazenda Chapadão, o escravo
Joaquim figurou como réu em um novo crime sexual, desta vez
contra dona Leopoldina de Paula, esposa de Joaquim de Oliveira
Funchal. Acompanhada por três filhos pequenos, a vítima colhia
algumas espigas de milho, quando foi atacada pelo escravo, que a
forçou a manter com ele relações sexuais na presença das crianças,
fugindo em seguida.

---

11 Cartório do 1° Ofício Criminal de Franca, Processo n.° 1078, cx. 51, folha 11,
1884, AHMUF.

128   RICARDO ALEXANDRE FERREIRA

Meses depois Joaquim reapareceu. Preso, prestou informações que diziam respeito aos crimes anteriores. Coube porém ao delegado prestar esclarecimentos a respeito do então já famoso criminoso ao juiz de direito de Franca:

> o escravo Joaquim por diversas vezes tem atentado contra a honra de menores, filhas de diversos cidadãos deste termo, bem como saciou seus instintos libidinosos em uma mulher casada, e senhora reconhecida como muito virtuosa conforme o mesmo réu confessa cinicamente, de modo que este escravo tornou-se, em diversos bairros deste município, o terror dos moradores, não só pelos abomináveis crimes que pratica como também pelos furtos que tem feito. Relativamente à [esta] prisão do mesmo deu-se do seguinte modo: 8 ou 10 dias antes de ser preso, andava ele rodando a casa de José Heitor, com o firme propósito de raptar a menor Cândida de 12 anos de idade filha do mesmo Heitor. E como uma vez quase tivera o monstro realizado o seu infame desejo, procurou Heitor meios de prendê-lo, e de fato tendo Joaquim à noite entrado em sua casa, ele, Inocêncio camarada e um seu escravo tentaram prendê-lo. Porém este vendo-os, puxou de uma garrucha ... e fez fogo, ferindo gravemente ao escravo, a Inocêncio e a ele José Heitor ...[12]

Mais uma vez interrogado, Joaquim afirmou que um dia, como seu senhor o castigara, fugiu e mandou tirar o ferro que tinha no pescoço como parte da pena pelo estupro da menor Cristina. Confirmou o rapto de dona Leopoldina, confessando ainda ter espancado uma velha senhora que o impediu de "pernoitar com sua neta".

Pelo último crime, narrado pelo delegado, o escravo respondeu a um novo processo. Convencido da incapacidade de conter seu cativo, declarando-o *de má índole*, José Pedro Alves Branquinho o libertou. O "monstro Joaquim" passou a chamar-se Joaquim Miguel Gonçalves, e como forro foi condenado a vinte anos de prisão com trabalho, permanecendo preso na cadeia onde já se encontrava.

---

12 Cartório do 1º Ofício Criminal de Franca, Processo n.º 1172, cx. 55, folha 12, 1886, AHMUF; idem, nº 1197, cx. 56, 1886, considerados uma só vez por versarem especificamente a respeito do mesmo crime.

SENHORES DE POUCOS ESCRAVOS **129**

Os processos criminais registraram versões das inúmeras histórias contadas a respeito do escravo Joaquim, por pessoas direta e indiretamente ligadas a ele ou a suas vítimas. Construiu-se a partir daí um indivíduo possivelmente desconhecido do próprio Joaquim: escravo, violento, de apetite sexual insaciável, indiferente à dor dos castigos, residente num ambiente de assassinos, com uma habilidade fenomenal para fugas, entre outros atributos. Um indivíduo com características quase sobrenaturais, capaz de aterrorizar as pessoas da região por onde suas façanhas foram contadas, construídas e reconstruídas. Para além de seus crimes, Joaquim agiu e, mais que isso, convenceu outras pessoas de suas ações autônomas e até certo ponto incontroláveis. Foi um criminoso como tantos outros, parte do mundo das pessoas.

Roubos, furtos, estelionatos, raptos[13] e estupros[14] contêm indícios qualitativamente úteis para a apreciação dos níveis de desvinculação de alguns cativos em relação ao poder de seus senhores; todavia, estes delitos compuseram uma pequena porcentagem (18,5%) do total de processos analisados. Porém, figurando como a maior parte das fontes compulsadas, os processos instaurados para apuração de homicídios e ferimentos confirmam a presença dos cativos nos mais variados locais, em violentos conflitos com a população livre.

João de Souza Cruz, conhecido como João Carapina, envolveu-se em uma briga com o escravo Valentim crioulo, da qual saiu esfaqueado. O desentendimento teria principiado na casa de Brigida Joaquina do Nascimento, solteira, "que disse viver de suas costuras e agências". Na ocasião, Brígida estava acompanhada de outras mulheres: Hermenegilda Maria de Souza, também solteira, "que disse viver de suas costuras e serviços análogos"; Antonia Dias

---

13 "Código Criminal do Império – Rapto ... Art. 227. Tirar para fim libidinoso por meio de afagos e promessas alguma mulher virgem, ou reputada tal, que seja menor de dezessete anos, de casa de seu pai, tutor, curador ou outra qualquer pessoa em cujo poder ou guarda estiver" (Pierangelli, 1980, p.244-5).

14 "Código Criminal do Império – Estupro ... Art. 219. Deflorar mulher virgem, menor de dezessete anos" (idem, p.242).

Pereira, casada, "que disse viver justa ganhando jornal"{{??}}; e Clementina, viúva,"que vive de seus serviços análogos". Também estavam presentes na mesma residência alguns homens, que bebiam e se entretinham com um "jogo de truque".

Em seu depoimento, Hermenegilda disse estar jogando cartas com Brígida e outras pessoas, entre as quais o escravo Valentim, quando adentrou João Carapina, e logo desafiou um dos homens que dentro da residência se divertia: "Está me olhando, quer alguma coisa?". E da mesa de jogo replicou Francisco que apenas olhava o sol. Não satisfeito com a resposta, João Carapina teria ameaçado Francisco com um pedaço de pau, quando foi impedido pela dona da casa, que não queria ali "nenhum barulho".

De acordo com Brígida, João passou a proferir injúrias contra todos os que se encontravam em sua casa, até que o cativo Valentim resolveu responder: "menos eu que não estou bulindo com você". Desafiado por João para saírem da casa, Valentim teria imediatamente atendido, e só não se espancaram imediatamente porque Vicente Rodrigues, afilhado de João Carapina, conseguiu separá-los.

Enquanto João era afastado da casa por seu afilhado, as mulheres convenciam Valentim a se retirar. Entretanto, o carapina retornou e se encontraram no meio da rua. Neste segundo encontro, João teria tomado satisfações em relação à discussão anterior, dando uma bordoada em Valentim, que sacou uma faca e acertou seu oponente.

Ao final do inquérito policial, tanto João Carapina como o cativo Valentim foram considerados culpados. Posteriormente, no julgamento, ambos foram absolvidos sob alegação da falta de gravidade dos ferimentos decorrentes do conflito.[15]

Chama a atenção neste processo o local em que se encontrava o cativo. Nos subúrbios da vila Franca, com mulheres, todas demonstrando pela declaração de suas atividades viver por seus próprios meios (costuras, agências, jornais e serviços análogos), numa casa

---

15 Cartório do 1º Ofício Criminal de Franca, Processo n.º 307, cx. 11, folha 16, 1848, AHMUF.

SENHORES DE POUCOS ESCRAVOS **131**

onde homens entravam e saíam conforme sua vontade, alguns já embriagados, se divertindo com um jogo de cartas.

Faz-se necessário ressaltar que, segundo Maria Odila Leite da Silva Dias, "A maioria das mulheres que viviam de suas agências, em São Paulo, eram intermediárias de pequenas operações de comércio de excedentes caseiros: sabão, farinhas, velas, toucinho" (Dias, 1984, p.178). Entretanto, Regina Célia Lima Caleiro detectou na criminalidade protagonizada por mulheres em Franca, entre 1890 e 1940, a prática da prostituição ocultada sob a declaração de outras ocupações. De acordo com a autora, "disfarçar a profissão poderia constituir-se numa estratégia quando não era possível afirmar com precisão a honestidade da própria conduta, atributo positivo das mulheres e de gente pobre" (Caleiro, 1998).

Em suas andanças, o cativo Valentim reapareceu cinco anos mais tarde na documentação do Cartório Criminal de Franca. Desta vez — como cenário do crime — a possível casa de prostituição deu lugar a um presumível lar, onde a fidelidade marital foi questionada. Joaquim Martins de Siqueira, tropeiro, casado, ofereceu uma queixa contra Valentim, alegando que este o teria injuriado, furtado alguns pertences de sua casa, e que só não atacara sua esposa por ter chegado uma vizinha.

Após ser preso e inquirido, Valentim disse que realmente fora até a casa do queixoso, com um saco cheio de espigas de milho que estaria vendendo, e lá, perguntado pela mulher de Joaquim se o tinha visto, disse que o vira conversando com Ritinha, mas negou as acusações de agressão contra a mulher e furto de pertences da casa.

Apesar de envidar todos os esforços para convencer o delegado dos fatos que relatava — no dia seguinte à queixa —, Joaquim Martins de Siqueira (a vítima) retirou-se formalmente do processo, alegando que Luiz Gomes Gaia (senhor de Valentim) lhe prometera castigar publicamente o escravo. O acordo foi aceito pelo delegado, que ordenou a aplicação de cinquenta açoites no escravo.[16]

---

16 Cartório do 1º Ofício Criminal de Franca, Processo n.º 375, cx. 13, 1853, AHMUF.

132   RICARDO ALEXANDRE FERREIRA

Em fins da década de 1860, quando os rumores a respeito de fugas e revoltas de escravos já circulavam por Franca, o cativo que andava por locais onde não era conhecido também se arriscava. Fiddelis, escravo já idoso, liberado por seu senhor da lida diária, saiu pela vizinhança pedindo esmolas para uma missa em homenagem a Nossa Senhora do Rosário.[17] Distanciando-se da casa de seu senhor, chegou à residência de Manoel Salvador de Freitas. A porta foi atendida por Joaquim, filho do dono da casa, com idade entre 11 e 12 anos, que ao ver o cativo disparou dois tiros mortais em seu peito.

O homicídio tomaria contornos de "medo de escravos fugidos" logo no depoimento da primeira testemunha. Jerônimo José de Miranda jurou saber indiretamente que o pai do menino réu afirmava não ter medo de escravos fugitivos, pois em sua casa toda a família estava municiada para atirar, caso aparecesse qualquer negro.

Pai e filho foram indiciados no crime denunciado pelo senhor do cativo Fiddelis, que exigia a reparação pelos prejuízos a ele causados. No entanto, apenas o menino permaneceu preso até o julgamento, pois seu pai não chegou a ser pronunciado. Em seu *libelo crime acusatório*, o promotor público pediu a condenação do menor Joaquim, com base no artigo 193 (homicídio), a doze anos de prisão com trabalho ou quatorze de prisão simples.

Por ocasião do julgamento, Joaquim confirmou saber que nas redondezas de sua casa existiam escravos fugidos aterrorizando a população. Quando viu o escravo Fiddelis com uma faca na cintura, entendeu que lhe faria mal e, lançando mão da espingarda de seu pai, atirara. Sua absolvição foi motivada pela diferença de interpretação entre os jurados e o promotor a respeito do fato de ser ou não frívola a alegação de "medo de escravos fugidos".[18]

---

17 Entre todas as fontes compulsadas existe apenas um ofício administrativo enviado à presidência da província de São Paulo, mencionando (em abril de 1872) a existência de uma irmandade do Rosário em Franca. O documento trata de um parecer do procurador fiscal, que aponta irregularidades "no registro de admissão dos irmãos escravos" (Ofícios Diversos Franca, lata 01023, pasta 1, documento 37, DAESP).

18 Cartório do 1º Ofício Criminal de Franca, Processo n.º 721, cx. 26, 1869, AHMUF.

SENHORES DE POUCOS ESCRAVOS **133**

O conjunto das fontes analisadas permite afirmar que a mobilidade espacial *andou pari passu* com a criminalidade cativa em Franca. No entanto, ela não seria privilégio de escravos criminosos. Os cativos não foram processados por locomover-se, mas sim pelas ações praticadas no decorrer de tais andanças, com especial consequência no tipo de réus e vítimas mais frequentes — pessoas livres, que de uma maneira ou de outra cruzaram o caminho dos escravos.

Provavelmente este estreito contato com os livres tenha marcado a própria criminalidade cometida pelos cativos em Franca, na qual não foi possível discernir com maior clareza a presença de elementos culturais trazidos da África ou mesmo *costumes próprios aos escravos*. Eles existiriam possivelmente amalgamados às práticas culturais da população em geral.[19]

Entretanto, os conflitos na relação com os forros e no interior da família escrava poderão contribuir para o melhor dimensionamento desta hipótese.

Escravos e forros:
dívidas e conflitos nos processos criminais

Testamentos e inventários *post mortem* figuraram como fontes privilegiadas pela historiografia para o estudo das relações entre

---

19 Percepção semelhante foi apontada por Maria Cristina Cortez Wissenbach, ao analisar a criminalidade de livres e libertos que viveram nas cercanias rurais do município de São Paulo, na segunda metade do século XIX. De acordo com a autora, "... misturados a uma mão de obra de caráter híbrido, não chegavam a compor uma comunidade própria, o mais das vezes integrados às expressões socioculturais da população pobre livre, do que em manifestações específicas de uma cultura escrava" (Wissenbach, 1988, p.126). É importante frisar, contudo, que as semelhanças apontadas entre este estudo e o empreendido por Wissenbach dizem respeito ao cotidiano dos escravos que residiam nas regiões rurais de São Paulo. Apesar de enfatizar a dificuldade de estabelecer limites precisos entre as cercanias rurais e a zona urbana, é possível verificar significativas diferenças — entre Franca e São Paulo — quando a autora se remete ao cotidiano dos cativos e forros na cidade.

escravos e forros. As análises empreendidas evidenciaram que muitos libertos possuíam escravos. Nem por isso a experiência do cativeiro representou uma garantia de tratamento mais condescendente dos ex-escravos em relação a seus próprios cativos.

Numa análise da Bahia oitocentista, Kátia Mattoso verificou uma disparidade nas práticas de liberdade de senhores forros africanos e crioulos. Os primeiros tenderiam a libertar mais seus cativos sem a imposição de condições, a não ser a preferência, em alguns casos, por africanos da mesma etnia. Quanto aos senhores libertos crioulos, apenas um entre doze deixava livres seus cativos no testamento. De acordo com a autora, "este número diz muito do comportamento dos crioulos: agem como brancos" (1982, p.235).

Em relação a Minas Gerais no Setecentos, Ida Lewkowicz parece identificar algumas semelhanças, pois verifica que, em geral, os forros, como os senhores livres, optavam por não estabelecer vínculos que os prendessem a seus cativos, tais como o compadrio. Da mesma forma, evidencia que poucos foram os libertos que, em seus testamentos, deixaram escravos alforriados, incluindo-se aí a prática, então vigente, da *coartação*, que consistia num acordo firmado em bases contratuais pelo qual o cativo, num prazo de quatro a seis anos, comprava em parcelas a sua liberdade.[20]

Os processos criminais registraram poucos vestígios da relação entre forros e escravos em Franca. Nenhum crime praticado por libertos contra cativos foi localizado. Mesmo na condição de vítimas dos escravos, os forros figuraram em menor número do que membros de outros grupos sociais. Sua ausência dos autos poderia estar vinculada ao fato de não mais possuírem o senhor interessado em indenizações referentes a crimes por eles sofridos. Porém, também pela inexistência de senhores, não necessitavam entregar o dinheiro ganho em jornadas de trabalho, ou mesmo prestar a servidão, fatores que possibilitavam aos ex-escravos reunir algum pecúlio, em muitos

---

20 Lewkowicz, set. 1988-fev. 1989. Ver também Paiva, 1995. Dimas José Batista (1998) compulsou as cartas de alforria de Franca. Entretanto, o autor não traçou um perfil dos senhores que libertaram seus escravos.

SENHORES DE POUCOS ESCRAVOS **135**

casos suficiente para que emprestassem dinheiro a seus companheiros ainda cativos.[21]

Registrou-se na rua "do Ouvidor" e imediações da rua "da Outra Banda" (em Franca), no dia 7 de junho de 1874, por volta das "cinco horas da tarde", uma agressão feita pelos escravos Olímpio, João, Malaquias, Manoel e Adão, todos cativos de José Francisco Costa, contra Matias de Nação Benguela, alforriado, casado. A vítima era credor do escravo Olímpio e ao encontrá-lo — em companhia dos cativos, seus companheiros — quis cobrar-lhe a dívida. De acordo com o ofendido:

> respondeu que sendo ele credor de um delinquente por nome Olímpio este o ameaçou com pancadas e que hoje encontrando o referido Olímpio este junto com mais quatro parceiros cercaram a ele respondente e deu-se o fato. Juntados todos em número de cinco e deram nele muitas pancadas até que a mulher dele respondente acudiu e depois viu falar que achavam-se presos ...[22]

Olímpio foi o único que conseguiu escapar à prisão. Assim, estruturou-se toda a defesa dos cativos no argumento de que Olímpio fora o único a espancar a vítima; os demais escravos estariam apenas passando pelo local, mas por pertencerem ao mesmo senhor haviam sido presos.

Após um impasse judicial, em que o delegado mandou soltar os réus presos pelo subdelegado e este, por sua vez, conseguiu junto ao juiz uma nova ordem para que os acusados fossem novamente encarcerados, o senhor dos réus requereu o pagamento de fiança para que seus escravos fossem soltos, oferecendo como garantia sua própria fazenda, denominada Pouso Alto. A fiança foi concedida e

---

21 Ressalta-se que nos processos criminais as testemunhas forras sempre foram identificadas, o que permite inferir mais uma ausência destes indivíduos nos meandros da justiça do que a confusão entre livres pobres e libertos nos autos, ainda que essa tenha permanecido uma possibilidade válida, como constou na historiografia. Cf. Wissenbach, 1998, p.52-4: "O crime de negros livres".

22 Cartório do 1º Ofício Criminal de Franca, Processo n.º 798, cx. 29, folha 04, 1874, AHMUF.

arbitrada em 1.000$000 (um conto de réis), que deveria ser pago caso os réus fossem condenados ou fugissem antes do julgamento.

De acordo com a estratégia da defesa em culpar pela autoria do crime exclusivamente o escravo Olímpio, que havia fugido, alegou-se ainda que se tratava de crime particular, ou seja, a vítima era comprovadamente capaz — dono de uma casa e uma data de terra — e, portanto, obrigado a ser parte no processo, o que não se verificou. Os argumentos surtiram efeito e o juiz anulou o processo, mandando que os acusados fossem libertados.

Em outro crime, envolvendo uma forra como vítima, podem-se evidenciar as mesmas características de delito cometido em razão de cobrança de dinheiro, desta vez supostamente furtado. Na tarde de 5 de agosto de 1864, em uma das ruas de Franca, o escravo Lázaro (cujo senhor era Antonio Honório da Silveira), oficial de ferreiro, envolveu-se em um crime de ferimentos, do qual teriam sido vítimas Maria Luiza (liberta) e Francisco de Paula Souto.

Maria Luiza — que, segundo uma das testemunhas, "... a [sic] muito tempo [era o réu] quem lhe administrava o sustento e o vestuário"[23] — em seu depoimento afirmou que Lázaro lhe havia furtado 3 mil réis. Quando a vítima foi cobrar o dinheiro, o cativo mandou que voltasse para casa, e lá chegando entregou 2 mil réis a ela e começou a espancá-la com um chicote, até que a mulher conseguiu livrar-se; o réu, porém, passou a persegui-la com uma acha de lenha.

Neste momento, em socorro da vítima, veio Francisco de Paula Souto, que deu algumas pancadas em Lázaro. Insatisfeito, o réu também se armou de um porrete e foi até a casa de Souto, onde houve novo confronto. Como resultado da pancadaria, viu-se Solto prostrado no chão e Lázaro em fuga, "varando de quintal a quintal".

Lázaro foi posteriormente preso, e submetido às decisões do júri, condenado a receber cinquenta açoites, cuja pena foi integralmente cumprida. Consta ainda de outros autos apensos ao processo que no ano seguinte (1865) Lázaro foi novamente preso por uma patrulha

---

23 Cartório do 1º Ofício Criminal de Franca, Processo n.º 620, cx. 22, sem n.º de folha, 1864, AHMUF.

SENHORES DE POUCOS ESCRAVOS **137**

pelo motivo de estar na rua após o toque de recolher ("meia-noite mais ou menos") e, levado para a cadeia, causou vários distúrbios, xingando e brigando com presos e guardas.[24]

O cotidiano dos cativos que trabalhavam alugados era naturalmente composto por grande mobilidade espacial. Contudo, o simples fato de estar próximo do local ou da vítima de um crime era, em muitos casos, suficiente para que o cativo envolvido encabeçasse a lista dos suspeitos, sobretudo se o acusado fosse devedor do marido da vítima.

Na madrugada de 9 para 10 de janeiro de 1859, foi assassinada em sua casa, localizada na rua dos Coqueiros (vila Franca), a forra Maria de Nação, também conhecida por Mãe Maria, e acusados pelo crime dois escravos de Manoel Felipe da Silva: Manoel (taipeiro) e José. A suspeita ocorreu em primeiro lugar pelo fato de os escravos serem assíduos frequentadores da casa da vítima — segundo algumas testemunhas, Maria era lavadeira da roupa de ambos —, em segundo porque Manoel havia sido visto na noite do crime consumindo aguardente e incomodando algumas pessoas na vila, próximo à casa da vítima.

O escravo José, em seu depoimento, disse que na noite do crime voltou para a fazenda de seu "patrão José Garcia Duarte" (provavelmente alugado por seu senhor Manoel Felipe da Silva) para trabalhar no serviço de perfuração de valos. Afirmou, ainda, que devia dinheiro ao marido da vítima, na quantia de "... dois mil réis mais ou menos e que esse dinheiro era para dar ao seu senhor para mandar dizer missa para ele".[25] Disse ainda não ter estado na casa da vítima no dia do crime, negando também que a liberta Maria fosse a lavadeira de sua roupa, tarefa esta realizada por uma outra mulher, de nome Luisa.

---

24 Cartório do 1° Ofício Criminal de Franca, Processo n.° 620, cx. 22, 1864, AHMUF.

25 Cartório do 1° Ofício Criminal de Franca, Processo n.° 511, cx. 17, folha 13, 1859, AHMUF.

Apesar de terem sido acusados e presos, os réus foram inocentados sob a alegação de que os depoimentos das testemunhas nada provaram contra eles a respeito do homicídio.

Fragmentos qualitativamente importantes para o entendimento mais amplo das relações estabelecidas pelos escravos em suas variadas sociabilidades no município de Franca, os conflitos com libertos e libertas reafirmam as características mais gerais da criminalidade escrava até aqui apontadas. Evidenciam-se disputas relacionadas a dívidas e dinheiro, que, no entanto, só foram registradas em processos criminais por terminarem em *crimes de sangue*.

Também de caráter eminentemente qualitativo, resta um importante aspecto do cotidiano dos cativos da região a ser considerado — os vestígios de suas relações familiares.

Vestígios da família cativa em delitos de escravos contra escravos

Depois das pessoas livres, os companheiros de cativeiro foram os principais rivais dos escravos no município de Franca (ver Gráfico 2, no início do capítulo). Entre cativos, a predominância de *delitos contra a pessoa* acompanha a mesma tendência da solução de conflitos cotidianos, por meio de *ajustes violentos*, já verificada nos crimes entre escravos e livres. Todavia, ao tratar simultaneamente de réus e vítimas cativos, nos mesmos delitos, os processos indicam importantes vestígios da família escrava na região.

A combinação das análises da demografia e da criminalidade escrava conferiu novo vigor à interpretação do cotidiano dos escravos em suas vivências familiares. O Sudeste do país foi especialmente privilegiado por historiadores empenhados em compreender a relação da família escrava com as condições de existência e destino do próprio escravismo.[26]

---

26 Destacam-se: Florentino & Goés, 1997; Mattos, 1998, e Slenes, 1999.

SENHORES DE POUCOS ESCRAVOS **139**

De acordo com Sheila de Castro Faria (1998), na capitania de Paraíba do Sul, ainda no período colonial, os *escravos curraleiros* compunham a infraestrutura oferecida pelos senhores a indivíduos que desejassem criar gado em propriedades arrendadas. Estes cativos eram alugados em casais, pois, segundo a autora, a família serviria como um desestímulo ao empreendimento de fugas.

Mesmo com um cotidiano marcadamente ligado à pecuária, não foi possível perceber a presença de *escravos curraleiros* em Franca. Com modestas posses, os proprietários não permitiam que seus cativos se especializassem, salvo o caso de um ou outro oficial (carpinteiro, taipeiro, ferreiro). Criar gado era uma entre tantas tarefas desempenhadas pelos escravos que viveram na região. Não obstante, as famílias cativas existiram, e, tal como entre livres, o adultério não foi tolerado.

Em 23 de maio de 1837, alguns escravos de Manoel Rodrigues Pombo envolveram-se em um duplo homicídio. Eram eles Florêncio (o réu), Julião Cabra e Ana crioula (as vítimas). Antonio João de Oliveira, que servia como carcereiro na cadeia da vila Franca na noite do crime, foi despertado por Florêncio, que livremente foi se entregar à prisão:

> dizendo que tinha dado muita pancada em um parceiro seu e em sua mulher ... e que sabe mais por ouvir dizer a outrem que o agressor deste delito fora o mesmo Florêncio Crioulo, e que o motivo de haver este assassínio foi por razão dele agressor topar ao assassinado Julião cabra em adultério com sua mulher Ana crioula, e que por isso assassinou a ambos ...[27]

Embora o relato da testemunha tenha apresentado convergência com os demais, quando menciona as pancadas que o réu teria dado nas vítimas, na realidade — segundo o auto de corpo de delito — foram facadas ou, mais precisamente, ferimentos feitos com "instrumento de ponta picante e perfurante". O réu foi pronunciado pelo

---

27 Cartório do 1º Ofício Criminal de Franca, Processo n.º 180, cx. 06, folhas 05 e 06, 1837, AHMUF.

140 RICARDO ALEXANDRE FERREIRA

crime de homicídio em 13 de dezembro de 1837; no entanto, não consta no processo se foi julgado e sentenciado.

Já em fins da década de 1870, a cena de sangue entre outro casal de cativos se repetiria. Na fazenda Olho D'Água, num domingo, o escravo Damião (de José Esteves de Andrade), assassinou sua esposa Adriana (pertencente ao mesmo senhor) e sua filha Águida, de aproximadamente 4 meses de idade.

Petronilha, escrava do mesmo senhor dos envolvidos, em seu depoimento, narrou que, "... indo ela informante de manhã cedo à senzala do réu, em busca de fogo, lá encontrou os cadáveres de Adriana e de sua filha Águida, tendo aqueles [cadáveres] diversos golpes de machado".[28]

Após cometer o crime, Damião fugiu, mas posteriormente se entregou e, perguntado a respeito do motivo pelo qual voltara e se apresentara à Justiça, respondeu: "... julgando ser cativo, como é, temia ser preso e depois maltratado".[29] Inquirido pelo delegado a respeito do motivo pelo qual teria cometido os assassinatos,

> Respondeu que foi apenas porque lhe pedindo [a Adriana] roupa limpa para vestir-se, visto que usa trocar de roupas todos os Domingos, sua mulher Adriana respondeu "que não sabia de roupa, que não tinha roupa para diabo, nem filho da puta nenhum", aí ele interrogado lançou mão de um porrete e com ele a quis castigar, porém ela segurando o porrete, lançou mão de um machado e com este deu-lhe no pescoço, na cabeça e mais algumas machadadas até que entendeu que ela morreu. Perguntado como tinha também morto a menor Águida? Respondeu que a menor estava nas mãos de Adriana e por isso julga que a matou quando dava nesta. Perguntado se o interrogado não amava sua mulher? Respondeu que lhe queria muito bem, estimava-a muito, porém que ela era infiel cometendo adultério muitas e repetidas vezes ... Perguntado se até a hora presente não está arrependido de ter praticado os crimes? Respondeu que até a hora presente não se tem arrependido,

---

28 Cartório do 1º Ofício Criminal de Franca, Processo n.º 903, cx. 38, folha 24, 1878, AHMUF.

29 Cartório do 1º Ofício Criminal de Franca, Processo n.º 903, cx. 38, folha 10, 1878, AHMUF.

SENHORES DE POUCOS ESCRAVOS **141**

porque sua mulher além de ser-lhe muito ingrata e não lhe retribuir o amor que lhe tinha, faltava-lhe com todos os *deveres conjugais*. Perguntado a quantos anos está casado? Respondeu que estava casado a [sic] nove anos.[30]

Não é possível saber se a expressão "deveres conjugais" foi dita pelo escravo Damião ou ditada pelo delegado ao escrivão. Contudo, de acordo com Alzira Lobo de Arruda Campos, "A coabitação materializava-se em direitos e deveres. Às mulheres destinavam-se as obrigações domésticas, cuidados com a casa e a prole, preparo de alimentos, lavagens de roupas, costuras e bordados ..." (1994, v.1, p.30). Embora a autora, neste excerto, refira-se ao modelo ideal vigente na sociedade colonial de São Paulo, pode-se observar que justamente um dos deveres por ela mencionados foi apontado como estopim do duplo homicídio praticado pelo cativo Damião.

A maioria dos depoentes confirmou que a esposa de Damião era adúltera, e ainda que nenhum de seus três filhos tinham Damião como pai.[31] As testemunhas disseram ainda que o bebê (Águida) havia sido morto pelo cativo em razão de Adriana ter aparado um dos golpes do machado com o corpo da filha. Damião foi condenado a doze anos de prisão, comutados em quatrocentos açoites, e a carregar um ferro no pescoço pelo período de dois anos.

Nem sempre o casal cativo foi o motivo para os desentendimentos que envolviam a família. Em muitos casos, as chamadas *relações ilícitas* ou mesmo o assédio de filhas e sobrinhas de escravos por terceiros culminaram em desfechos violentos.

Na noite de Natal do ano de 1879, em uma das senzalas da fazenda Canoas (termo de Franca), de propriedade de Eugênio Ribeiro da Silva, Pedro, escravo do proprietário da fazenda, teria ferido com uma facada Gabriel, um parente distante, escravo do tenente Antonio Silvério de Freitas.

---

30 Cartório do 1º Ofício Criminal de Franca, Processo n.º 903, cx. 38, folha 10, 1878, AHMUF. Itálicos nossos.

31 Afirmação baseada na ideia de que, embora ambos fossem negros, todos os filhos do casal eram mulatos.

142   RICARDO ALEXANDRE FERREIRA

A primeira versão do ocorrido foi dada por Joaquim Antonio de Freitas, senhor moço do escravo Gabriel (a vítima), que o acompanhava no momento do conflito. Joaquim afirmou que havia combinado com outros dois homens ir até a fazenda de Eugênio Ribeiro da Silva para convidarem Francisco de tal e sua família para as comemorações do Natal. Chegando na fazenda, os quatro foram obstados pelo cativo Pedro, que impediu a saída de qualquer uma das moças que ali estavam. Após uma troca de insultos, Pedro teria desembainhado uma faca para atacar os demais e sido inicialmente desarmado. Contudo, o conflito generalizou-se e, quando resolveram sair, Joaquim viu o cativo Gabriel ferido com uma facada, acusando Pedro.[32]

Também foi ouvida como testemunha Maria Caetana da Silva, uma das moças que Pedro impedira de acompanhar o escravo Gabriel e seu senhor moço. Em sua qualificação como depoente, a moça disse ser sobrinha de Eugênio Ribeiro da Silva (senhor do cativo Pedro) por parte de pai, e sobrinha do escravo Pedro (o acusado) por parte de mãe. Inquirida a respeito do motivo pelo qual a vítima e seu senhor moço haviam ido até o local do crime, respondeu:

> disse que vinha buscar a ela informante, sua mãe e irmã para irem divertir-se nas canoas (região de Franca), e nessa ocasião seu tio Pedro presente, disse que não consentia que elas fossem e dizendo Joaquim Antonio que haviam de ir por bem ou por mal e também dizendo: "pau no negro", referindo-se a seu tio Pedro, originou-se uma desordem, e ela informante temendo ... correu e foi esconder-se na horta. Que depois voltando viu Gabriel ferido na briga ... Perguntada se Eugênio Ribeiro da Silva (senhor do réu e proprietário da fazenda) estava na fazenda ou estava em sua casa quando se deu o fato de que se trata? Respondeu que Eugênio e sua senhora estavam nesta cidade (Franca) na ocasião que se deu o fato em sua fazenda. Perguntada quais as pessoas ou mulheres que estavam na casa lugar em que se deu o delito? Respondeu que estavam em dito lugar sendo em uma casa de morada do acusado Pedro — uma senzala — sendo ela informante, sua mãe, Geraldina sua irmã esta casada

---

32 Cartório do 1º Ofício Criminal de Franca, Processo n.º 949, cx. 42, folha 29, 1879, AHMUF.

SENHORES DE POUCOS ESCRAVOS 143

com João de Tal, Ana cunhada dela informante, e que também se achava Francisco Ribeiro da Silva irmão dela informante e José Borges.[33]

Durante o julgamento, Pedro confirmou o conflito, mas alegou ter perdido os sentidos durante a briga em razão das pancadas que recebera de seus opositores. O júri, entendendo não existirem provas em relação à culpa do cativo Pedro, decidiu que ele não havia cometido o ferimento no escravo Gabriel, fundamentando, assim, a sua absolvição.

Analisando os conflitos entre homens livres pobres, Maria Sylvia de Carvalho Franco afirma que a festa apresentava-se como uma situação favorável às relações antagônicas, configurando-se numa "oportunidade para a realização de façanhas perante audiência numerosa e que tem em alta conta o valor pessoal" (1974, p.40). É provável que no caso que envolveu a família de Pedro, outros cativos e homens livres, na noite de Natal, tenha se verificado a mesma dinâmica apontada por Franco.

Presentes em cruentas cenas de traição e conflitos, as famílias cativas foram, no entanto, omitidas na maioria das fontes compulsadas por diversos autores em estudos referentes a Franca.

Alguns dados a respeito dos assentos de casamentos de escravos em Franca, relativos à primeira década {{mas apresenta dados até 1850??}} do oitocentos, foram levantados por Andressa Mercês Barbosa dos Reis (2001), nos arquivos da Cúria de Franca. Reis adverte, entretanto, que os dados apresentam intervalos de anos sem registros, mas permitem um cálculo aproximado das médias anuais de matrimônios de escravos: entre 1806 e 1827, média de 6,7% de casamentos por ano; entre 1828 e 1840, esta proporção subiu para 18,7%, com queda para 13,4% no intervalo entre os anos de 1841 e 1850.

O cruzamento destes percentuais com os de outro *corpus* documental seria importante para a composição de hipóteses, no entanto

---

33 Cartório do 1º Ofício Criminal de Franca, Processo n.º 949, cx. 42, folhas 35 a 38, 1879, AHMUF.

144 RICARDO ALEXANDRE FERREIRA

todos os demais documentos compulsados por outros autores apresentam acentuados índices de informações desconhecidas quanto ao estado conjugal dos cativos.

Ao analisar os inventários do município de Franca relativos ao século XIX, Lélio Luiz de Oliveira observou que entre 1822 e 1830 não consta nenhuma informação a respeito do estado conjugal de 92,9% dos cativos. Já no segundo período por ele analisado (1875-1885), "Do total de cativos (masculinos e femininos), 15,6% foram declarados casados; mais da metade (55%) solteiros; e 3,6% viúvos. O restante (25,8%) não apresentava qualquer indicação ..." (1997, p.109).

Dimas José Batista (1998) verificou que, entre os cativos comercializados em Franca, entre 1828 e 1888, existia menção ao estado conjugal de aproximadamente 35%. Sendo 25,6% de solteiros, 8% de casados e aproximadamente 1% de viúvos (ibidem, cf. cap.2, item 6, "A família escrava em Franca: ou solteiros e casados".)

A situação conjugal dos escravos que figuraram como réus e vítimas também foi sonegada na maioria das qualificações presentes nos processos criminais de Franca entre 1830 e 1888. Os dados informados acompanham as outras fontes, analisadas pelos demais autores, com predomínio de solteiros (ver tabelas 17 e 18).

Tabela 17 – Situação conjugal de réus e vítimas arrolados em crimes cometidos por escravos no município de Franca (1830-1888)

Situação conjugal	Réus escravos	%	Vítimas de escravos	%
Solteiro	40	36,0	7	8,6
Casado	17	15,3	16	19,8
Viúvo	3	2,7	1	1,2
Não declarado	51	46,0	57	70,4
Total	111	100,0	81	100,0

Fonte: Cartório do 1º Ofício Criminal de Franca, Processos Criminais 1830-1888, AHMUF.

O mais detalhado estudo populacional relativo ao município de Franca, entre 1830 e 1888 ainda é o apresentado por Daniel Pedro Müller,[34] válido para o ano de 1836. Num cálculo da proporção de homens e mulheres escravos na população com idade entre 20 e 50 anos (intervalo compreendido na faixa etária mais produtiva), é possível perceber que a taxa de masculinidade varia de 58% a 63%. Estes números diferem dos verificados por Horacio Gutiérrez (1987), para uma região que apresentou importantes semelhanças econômicas com Franca (o Paraná entre 1800 e 1830), onde, contudo, o equilíbrio dos sexos foi maior. No entanto, infere-se que os números relativos a Franca não apresentem uma disparidade tão grande que inviabilizasse completamente a possibilidade de os escravos se unirem.

Tabela 18 – Situação conjugal de réus e vítimas arrolados em crimes sofridos por escravos no município de Franca (1830-1888)

Situação conjugal	Escravos vítimas	%	Réus dos crimes praticados contra escravos	%
Solteiro	9	14,1	13	19,7
Casado	7	10,9	15	22,7
Viúvo	—	—	—	—
Não declarado	48	75,0	38	57,6
Total	64	100,0	66	100,0

Fonte: Cartório do 1º Ofício Criminal de Franca, Processos Criminais 1830-1888, AHMUF.

Supondo que os cativos conseguissem se unir, mesmo com um ligeiro predomínio de homens na população, a explicação para a ausência de seus dados conjugais no município de Franca pode residir na dificuldade em sacramentar os laços diante da autoridade

---

34 Müller, 1978. Dados calculados com base na "Tabela 5 – População da Província – Cidades e Vilas – Classificação por idades – 3ª Comarca – Franca do Imperador", p.139.

146 RICARDO ALEXANDRE FERREIRA

eclesiástica numa localidade onde predominavam os proprietários com pequenas posses.

Robert Slenes (1999) argumenta que a maioria das uniões conjugais legitimadas pela Igreja no Sudeste brasileiro no século XIX estaria em médias e grandes posses. De acordo com o autor, os escravos em posses maiores poderiam escolher seus parceiros na mesma propriedade, diminuindo assim as chances de ser separados, pelo menos enquanto o senhor estivesse vivo. A proibição da venda de cativos casados remontava ao período colonial, embora representasse uma falta ligada mais ao mundo divino do que ao terreno.

> Conforme o direito divino, e humano, os escravos e escravas podem casar com outras pessoas cativas, ou livres, e seus senhores lhes não podem impedir o matrimônio, nem o uso dele em tempo e lugar conveniente, nem por este respeito os podem tratar pior, nem vender para outros lugares remotos, para onde o outro por ser cativo, ou por ter outro justo impedimento o não possa seguir, e fazendo o contrário pecam mortalmente e tomam em suas consciências culpas de seus escravos, que por este temor se deixa muitas vezes de estar, e permanecer em estado de condenação.[35]

Embora existisse uma disposição anterior (1869), a Lei do Elemento Servil, de 1871, proibiu definitivamente a separação dos cônjuges cativos e os filhos menores de 12 anos da companhia do pai ou da mãe escravos, ambos por motivos de transmissão ou alienação (Castro, 1998, s.d.).

Assim, supõe-se que mesmo constituindo famílias os escravos não tenham conseguido torná-las oficiais, nos moldes dos livres, em razão da iminência de serem vendidos conforme mudavam as relações no mundo dos senhores. Neste contexto inseriu-se a cativa Theodora.

> Certifico que revendo os livros de óbitos desta Matriz da Franca em um deles às folhas 10 achei o assento seguinte: aos quatro de fevereiro de

---

35 Constituições primeiras do Arcebispado da Bahia, livro 1, título 61, parágrafo 303, apud Faria, 1998, p.310.

SENHORES DE POUCOS ESCRAVOS · 147

1865 anos nesta Freguesia da Franca faleceu de fogo-selvagem, Antonio de idade 35 anos, casado, escravo do Alferes João Alexandre Dias, foi confessado, ungido, seu corpo envolto em pano preto, jaz no cemitério, e encomendado. O Reverendo Cândido Martins da Silveira Rosa.[36]

O assento do livro de óbitos da matriz, atestando que o cativo Antonio havia sido fatalmente vitimado por uma grave enfermidade, não teria convencido seu proprietário. Em queixa formalmente apresentada à justiça, o alferes João Alexandre Dias acusou Theodora (cunhada da vítima e escrava da então finada Anna Ignácia de Jesus, irmã do senhor de Antonio) como assassina de seu escravo.

Nos autos, o alferes apresentou uma versão bastante convincente para os fatos, apoiada, inclusive, no parecer de um médico que da vila de Batatais se deslocara à chácara para tentar salvar Antonio. Testemunhas indicadas pelo *solicitador de causas* do alferes juraram, em seus depoimentos, que Theodora tinha por costume preparar poções, algumas com o fim de ser misturadas na "água dos brancos para acalmá-los", outras para castigar seus inimigos.[37]

O senhor reuniu os cativos da fazenda e, interrogando-os, descobriu a poção em uma garrafa escondida dentro do ninho de uma pata. O líquido foi entregue ao médico, que realizou uma pequena experiência, jogando um pouco do conteúdo da garrafa no bico de um pinto, que no dia seguinte apresentou as mesmas feridas do cativo Antonio, soltando a pele da asa.

"Cabeça de cobra, couro de sapo, pimenta do reino e flor do limãozinho do mato" teriam sido os ingredientes do veneno, poção ou feitiço (três denominações utilizadas nos autos) preparado pela ré, o qual, aplicado no colarinho da camisa da vítima, lhe causara o

---

36 Cartório do 1º Ofício Criminal de Franca, Processo n.º 656, cx. 24, folha 03, 1866, AHMUF.

37 Mary Karasch detectou no Rio de Janeiro as chamadas "poções para tornar [os] donos mais gentis". Segundo a autora: "Quem se sentia sob o 'encanto' de um feiticeiro tinha sido muitas vezes drogado com um dos narcóticos naturais que as negras velhas catavam nos morros do Rio. Os feiticeiros também tinham acesso ao ópio" (Karasch, 2000, p.351).

148 RICARDO ALEXANDRE FERREIRA

esfolamento de toda a região contaminada, espalhando-se por todo o corpo até levá-lo à morte.

João Alexandre ainda afirmou que, ao perguntar à cativa Theodora o motivo pelo qual teria envenenado Antonio, ela respondeu que ficou com raiva dele porque chegando o marido bêbado da cidade trouxe cobres que ela tirou, e que o marido ficando são da cachaça e procurando os cobres ela negou e o crioulo contou que foi ela que tinha tirado e que por isso foi que ela pôs [o veneno].[38]

Em seu primeiro interrogatório Theodora confessou o crime, dizendo-se arrependida e confirmando a maioria das acusações. Posteriormente, como tantos outros escravos indiciados como réus no município de Franca, em seu depoimento, durante o julgamento, a cativa modificou sua versão:

> Perguntada se tem provas que a justifiquem ou mostrem a sua inocência? Respondeu que tinha sofrido prisão no tronco em casa de João Alexandre Dias e surras com um chicote de couro com quatro pernas durante nove dias: tendo lugar as surras de manhã e à tarde sem que ela respondente tivesse feito coisa alguma ... Perguntada se ouviu dizer que Antonio havia morrido por ter bebido uma mistura feita de ervas, cabeça de cobra e couro de sapo? Respondeu que ouviu dizer pelas testemunhas, as quais iam ter com ela respondente e lhe diziam que declarasse que foi ela respondente que havia dado a Antonio essa bebida, porque iam pedir a João Alexandre Dias (senhor da vítima) que a soltasse, e que por ela respondente desejar ver-se livre da prisão dizia.[39]

A mudança de confissão e a demonstração de todas as contradições existentes na "formação da culpa", apontadas pelo curador da ré — entre elas acusar de charlatanismo o médico que dizia ter feito a experiência com a suposta poção —, surtiram efeito. Theodora foi levada a julgamento e absolvida por maioria de votos.

---

38 Cartório do 1° Ofício Criminal de Franca, Processo n.° 656, cx. 24, folhas 5 e 6, 1866, AHMUF.

39 Cartório do 1° Ofício Criminal de Franca, Processo n.° 656, cx. 24, sem n.° de folha, 1866, AHMUF.

SENHORES DE POUCOS ESCRAVOS   **149**

Uma das maiores inquietações ocorridas durante as pesquisas nos processos criminais de Franca era saber se a constante mudança de confissões dos cativos durante o julgamento acontecia por um sentimento de segurança dos acusados na presença do juiz de direito ou se era uma estratégia dos curadores para conseguir livrá-los de suas penas, evitando prejuízo para os senhores.

Especificamente no caso de Theodora pode-se tentar esclarecer tal dúvida. O processo em que a escrava Theodora figura como acusada está arquivado junto aos demais do Cartório do 1º Ofício Criminal de Franca. Realizando uma consulta à documentação relativa aos arquivos do Cartório do Juizado de Paz da mesma cidade, foi encontrada uma acusação de injúrias da qual foi queixoso o mesmo João Alexandre Dias (senhor do escravo Antonio) e acusado João José Dias de Canoas, curador de Theodora.

Argumentou João Alexandre que o curador havia não só injuriado a ele como também à própria Justiça ao afirmar — em uma solicitação de exame de corpo de delito para comprovar as torturas sofridas por Theodora — que os depoimentos das testemunhas haviam sido manobrados para ocorrer em sua ausência.

Ao se defender, o curador apresentou várias cartas em que a senhora da escrava solicitava a seu irmão João Alexandre que lhe devolvesse a cativa Theodora. De acordo com as correspondências constantes nos autos, logo que ficou viúva, a senhora de Theodora, juntamente com seus escravos, foi acolhida por seu irmão João Alexandre em sua casa, até que o inventário e a partilha dos bens do casal fossem realizados.

Segundo a própria Anna Ignácia (senhora de Theodora), o acordo com seu irmão era de que ele a sustentaria, podendo desfrutar o serviço dos escravos dela até que fosse embora. Em razão de recorrentes desentendimentos com o irmão, a mulher se mudou; porém João Alexandre não permitiu que Theodora e seu casal de filhos fossem junto com sua proprietária.

Anna Ignácia não havia inserido o irmão como beneficiário na partilha de seus bens, por isso João Alexandre negava-se a entregar os escravos. Mediante a solicitação de Anna de devolução dos

150 RICARDO ALEXANDRE FERREIRA

escravos, o alferes disse que só atenderia quando a mulher pagasse o dinheiro a ele devido por ter acertado dívidas dela com seus credores. Ignácia assinou um documento comprometendo-se com a dívida e solicitou novamente a devolução dos cativos. João Alexandre respondeu que venderia "sua feiticeira" e o casal de filhos dela, e se a mulher não os comprasse logo ele temia pela separação do casal de filhos, pois tinha proposta de venda para o Rio de Janeiro.

Toda essa versão dos fatos — solicitações e troca de ameaças — consta das cartas entre os irmãos, que estão anexadas ao processo. Na última carta, João Alexandre comunicou sua atitude final para Anna Ignácia.

> Acuso o recebimento de sua ordem, na qual exigia a ida da escrava Theodora e filhos; a respeito disto lhe respondo que só vai o crioulinho Domingos, filho da escrava, e esta com a filha nesta data fica na cadeia pelo crime de propinação que praticou no meu escravo Antonio; pois tenho de haver de quem o direito for, meus prejuízos perdas e dano pela morte do dito meu escravo.[40]

Submetendo-se Theodora ao exame de corpo de delito solicitado por seu curador, comprovou-se que havia sido seviciada com açoites e cortes feitos com um canivete ou faca em suas nádegas.

O possível conflito entre cativos, envolvendo tramas e feitiços, mudou de curso durante o processo, permitindo entrever a importância da família cativa nas negociações e nos desentendimentos entre os senhores que viveram em Franca. Ao ler as cartas trocadas entre a senhora de Theodora e João Alexandre, percebe-se a insistência de João em afirmar que, caso não pagasse suas dívidas, dona Anna veria sua cativa não só vendida, como provavelmente separada de seus dois filhos. Numa análise do drama de Theodora, torna-se possível concordar com Slenes, pois "argumentar que a família era uma instituição extremamente importante para pais e filhos

---

40 Cartório do Juízo de Paz de Franca, Processo n.º 125, folha n.º 41, cx. n.º 27, 1866, AHMUF.

SENHORES DE POUCOS ESCRAVOS **151**

escravos não implica sustentar que os cativos tinham uma vida doce" (Slenes, 1999, p.110).

Os processos registraram versões da família em seus momentos de tensão e conflito, entretanto outras fontes deveriam ser compulsadas em busca dos padrões demográficos e possíveis níveis de reprodução natural dos cativos que viveram na região, o que contribuiria para o deslindar do cotidiano da família escrava em regiões de predomínio de pequenos proprietários.

A confrontação da criminalidade praticada e sofrida por escravos contra outros cativos, livres e libertos, aponta para um processo de amalgamação cultural dos costumes, práticas e estratégias de sobrevivência das pessoas que compunham tais grupos.

Torna-se difícil apontar um comportamento criminoso dos cativos. O caso da escrava Theodora seria o mais exemplar para uma ressalva a esta afirmação; no entanto, o desenrolar do processo promoveu uma significativa inversão de papéis. A noção de feitiço, que remete às práticas africanas, foi apropriada pelo senhor para culpar a cativa em uma relação marcada por disputas financeiras entre os proprietários de Theodora e ele.

Ainda assim, o caso que envolveu Theodora — mulher, escrava, casada, com idade aproximada de 40 anos, cozinheira, natural da vila de Batatais (província de São Paulo), analfabeta, sem antecedentes criminais e moradora numa fazenda localizada a meia légua da vila Franca — permanece como um bom indício de que numa localidade de poucos cativos, no século XIX, os comportamentos supostamente próprios a livres ou a escravos permaneceram como um conjunto de recursos prontos a ser utilizados por *pessoas livres, libertas e escravas* durante situações de tensão e conflito no cotidiano.

Considerações finais

Ser escravo no Brasil[1] constituiu-se numa questão que tem comportado variadas respostas, pois multifacetado foi o cotidiano do cativeiro em todo o país por mais de trezentos anos. A análise da criminalidade ativa e passiva envolvendo os escravos que viveram no município de Franca entre os anos de 1830 e 1888 encontrou nesse debate sua motivação.

Povoada principalmente por migrantes oriundos de Minas Gerais, a região abarcada pela pesquisa manteve ao longo do século XIX uma vocação econômica mais diretamente ligada ao consumo e ao abastecimento internos. Os cafeeiros atingiram o município antes do findar do oitocentos, mas não a tempo de presenciar o braço escravo amplamente utilizado em suas plantações. Como no tempo dos primeiros entrantes — agricultores e principalmente pecuaristas —, perpetuou-se um cativeiro de pequeno vulto.

Em Franca, os cativos estavam presentes nas mais variadas atividades, travando relações com pessoas dos diversos grupos que compunham a sociedade local. Na lida diária, não se especializaram, mas

---

1 Menção ao título da conhecida obra de Kátia Queiroz Mattoso (1982), que lançou importantes questões à historiografia dedicada ao estudo da história social da escravidão brasileira nas últimas décadas.

atuavam em tarefas domésticas, na agricultura, na criação de animais e na maioria das ocupações em que se empregava a população livre; e até, em alguns casos, cometendo crimes a mando de seus senhores.

Com a constatação, como em outras regiões com diferentes padrões demográficos de escravos, do predomínio dos *crimes de sangue*, foi possível perceber algumas regularidades estimuladas pelas características locais, que, todavia, não deixaram de se entrelaçar com as questões atinentes ao desenrolar do cativeiro no restante do país até a abolição.

Tanto os proprietários como seus familiares mais próximos mantiveram, em geral, um contato diário e direto com os cativos. Muitos escravos indiciados como réus, em delitos contra seus senhores, nasceram ou mesmo foram levados ainda jovens para a residência dos proprietários. Esse contato prolongado teria estimulado uma certa imprudência dos senhores, que não raramente tentavam sozinhos amarrar e castigar seus cativos.

No dia a dia da relação com os senhores, os escravos paulatinamente ampliavam sua autonomia, testando os limites das atitudes não reprimidas. Furtivas andanças pelos mais variados locais e horários, relações amorosas e sociabilidades não consentidas ampliavam-se até ser efetivamente interrompidas pelo poder dos senhores, que não raras vezes receberam dos cativos respostas violentas, embora nem sempre imediatas.

O desenrolar das tensões rumo ao fim do cativeiro no país foi marcado pelo aumento nas estatísticas de crimes cometidos por escravos em regiões de grandes lavouras exportadoras do Sudeste. O movimento oposto (a redução dos delitos) teria ocorrido em localidades que perderam seus contingentes cativos para o tráfico interno. Em Franca, o número de crimes registrados em processos criminais não sofreu grandes alterações, provavelmente pelo predomínio de uma dinâmica interna na negociação de cativos. Contudo, esta relativa estabilidade não impediu que, em uma oportunidade, boatos a respeito da denúncia de um plano insurrecional espalhassem um clima de medo na região.

SENHORES DE POUCOS ESCRAVOS **155**

As autoridades locais, administrativas e judiciais, munidas de seu aparato legal, estiveram sempre atentas às constantes tentativas dos senhores de encobrir os delitos praticados por seus escravos. Um único cativo condenado, numa posse diminuta, representaria grandes prejuízos tanto na condução do trabalho como na riqueza do proprietário.

Entretanto, no polo oposto, as diferenças entre grupos políticos, bem como as ações de partidários do movimento abolicionista local contribuíram para o aumento das denúncias de torturas sofridas pelos escravos no interior das propriedades de seus senhores. Neste caso, a interferência do Judiciário não logrou êxitos em fazer cumprir as leis que coibiam os excessos dos senhores, prevalecendo o direito à propriedade.

Apesar da violência dos senhores e da vigilância das autoridades, os escravos encontravam na mobilidade espacial, mesmo numa região rural, um terreno fértil para o estabelecimento de suas relações. Com os libertos, evidenciaram-se agressões e ferimentos desencadeados por dívidas. Nas disputas com outros escravos, predominaram conflitos semelhantes aos que mantiveram com os livres, destacando-se as chamadas *relações ilícitas*.

O maior número de relações dos cativos evidenciadas nas fontes compulsadas referiu-se à população livre distinta dos senhores. Fazendas, ruas, caminhos, tabernas, pastos, lojas, córregos, nos mais diversos locais do município os cativos foram flagrados em ações que envolviam pessoas livres. Em associações para a prática de pequenos golpes ou o cumprimento de surras e assassinatos encomendados; em desentendimentos iniciados por não raras discussões; em conflitos com senhores de escravas pelo impedimento de relações amorosas não consentidas; e, por fim, na prática de deliberadas ações delituosas, com destaque para os estupros.

É preciso, contudo, admitir que as fontes analisadas privilegiaram versões do cotidiano cativo em seus momentos de conflitos e soluções violentas. Com atenção a este aspecto, empreendeu-se o esforço de tentar combinar a análise dos registros criminais com o de outras fontes e o conjunto da historiografia a respeito do cativeiro.

156 RICARDO ALEXANDRE FERREIRA

Espera-se, assim, ter contribuído com o avanço no entendimento do cotidiano dos escravos que viveram no século XIX em regiões rurais de predomínio das pequenas posses e, quem sabe, oferecido mais elementos para o debate a respeito do que foi *ser escravo no Brasil*.

FONTES

Manuscritas

Arquivo Histórico Municipal de Franca "Capitão Hipólito Antonio Pinheiro" — AHMUF

Cartório do 1º Ofício Criminal de Franca – 1830-1888 – Processos em que escravos foram indiciados como réus e arrolados como vítimas.

Caixa 03 - Processo nº 79 - 1831
Caixa 03 - Processo nº 81 - 1831
Caixa 03 - Processo nº 84 - 1831
Caixa 03 - Processo nº 98 - 1832
Caixa 04 - Processo nº 120 - 1832
Caixa 05 - Processo nº 151 - 1834
Caixa 05 - Processo nº 149 - 1834
Caixa 05 - Processo nº 155 - 1835
Caixa 06 - Processo nº 171 - 1836
Caixa 06 - Processo nº 180 - 1837
Caixa 06 - Processo nº 183 - 1837
Caixa 07 - Processo nº 192 - 1838
Caixa 07 - Processo nº 194 - 1838
Caixa 07 - Processo nº 197 - 1838

Caixa 07 - Processo nº 201 - 1839
Caixa 07 - Processo nº 207 - 1839
Caixa 07 - Processo nº 208 - 1839
Caixa 07 - Processo nº 211 - 1839
Caixa 07 - Processo nº 213 - 1840
Caixa 08 - Processo nº 219 - 1841
Caixa 08 - Processo nº 240 - 1843
Caixa 09 - Processo nº 258 - 1845
Caixa 09 - Processo nº 266 - 1846
Caixa 10 - Processo nº 273 - 1846
Caixa 10 - Processo nº 284 - 1847
Caixa 10 - Processo nº 287 - 1847
Caixa 10 - Processo nº 288 - 1847
Caixa 10 - Processo nº 296 - 1848

Caixa 11 - Processo n° 307 - 1848
Caixa 11 - Processo n° 319 - 1849
Caixa 12 - Processo n° 348 - 1851
Caixa 13 - Processo n° 355 - 1851
Caixa 13 - Processo n° 360 - 1852
Caixa 13 - Processo n° 373 - 1853
Caixa 13 - Processo n° 374 - 1853
Caixa 13 - Processo n° 375 - 1853
Caixa 13 - Processo n° 380 - 1853
Caixa 14 - Processo n° 397 - 1854
Caixa 14 - Processo n° 405 - 1854
Caixa 15 - Processo n° 429 - 1854
Caixa 15 - Processo n° 430 - 1854
Caixa 15 - Processo n° 431 - 1854
Caixa 15 - Processo n° 449 - 1855
Caixa 15 - Processo n° 458 - 1856
Caixa 16 - Processo n° 485 - 1857
Caixa 16 - Processo n° 497 - 1858
Caixa 17 - Processo n° 500 - 1858
Caixa 17 - Processo n° 501 - 1858
Caixa 17 - Processo n° 502 - 1858
Caixa 17 - Processo n° 511 - 1859
Caixa 17 - Processo n° 514 - 1859
Caixa 17 - Processo n° 523 - 1859
Caixa 18 - Processo n° 527 - 1859
Caixa 19 - Processo n° 545 - 1860
Caixa 19 - Processo n° 550 - 1861
Caixa 19 - Processo n° 560 - 1861
Caixa 19 - Processo n° 561 - 1861
Caixa 19 - Processo n° 562 - 1861
Caixa 20 - Processo n° 579 - 1862
Caixa 20 - Processo n° 582 - 1862
Caixa 20 - Processo n° 593 - 1863
Caixa 20 - Processo n° 595 - 1863
Caixa 21 - Processo n° 604 - 1863
Caixa 21 - Processo n° 609 - 1864
Caixa 21 - Processo n° 617 - 1864
Caixa 22 - Processo n° 620 - 1864

Caixa 22 - Processo n° 621 - 1864
Caixa 22 - Processo n° 625 - 1865
Caixa 22 - Processo n° 633 - 1865
Caixa 22 - Processo n° 634 - 1865
Caixa 23 - Processo n° 644 - 1866
Caixa 24 - Processo n° 656 - 1866
Caixa 24 - Processo n° 657 - 1866
Caixa 24 - Processo n° 659 - 1866
Caixa 24 - Processo n° 667 - 1867
Caixa 24 - Processo n° 681 - 1868
Caixa 25 - Processo n° 682 - 1868
Caixa 25 - Processo n° 688 - 1868
Caixa 26 - Processo n° 717 - 1868
Caixa 26 - Processo n° 721 - 1869
Caixa 26 - Processo n° 729 - 1870
Caixa 28 - Processo n° 767 - 1872
Caixa 28 - Processo n° 771 - 1872
Caixa 29 - Processo n° 793 - 1874
Caixa 29/30 - Processo n° 798/802- 1874
Caixa 30 - Processo n° 799 - 1874
Caixa 30 - Processo n° 804 - 1875
Caixa 31 - Processo n° 821 - 1875
Caixa 32 - Processo n° 840 - 1876
Caixa 33 - Processo n° 850 - 1876
Caixa 33 - Processo n° 852 - 1876
Caixa 34 - Processo n° 859 - 1874
Caixa 34 - Processo n° 868 - 1877
Caixa 35 - Processo n° 875 - 1878
Caixa 37 - Processo n° 890 - 1878
Caixa 38 - Processo n° 903 - 1878
Caixa 39 - Processo n° 919 - 1879
Caixa 39 - Processo n° 928 - 1879
Caixa 42 - Processo n° 949 - 1879
Caixa 43 - Processo n° 958 - 1880
Caixa 43 - Processo n° 963 - 1880
Caixa 43 - Processo n° 968 - 1880
Caixa 46 - Processo n° 1006 - 1882

Caixa 49 - Processo n° 1051 - 1883
Caixa 49 - Processo n° 1053 - 1883
Caixa 50 - Processo n° 1060 - 1883
Caixa 51 - Processo n° 1070 - 1884
Caixa 51 - Processo n° 1072 - 1884
Caixa 51 - Processo n° 1078 - 1884
Caixa 51 - Processo n° 1084 - 1884
Caixa 52 - Processo n° 1086 - 1884
Caixa 52 - Processo n° 1087 - 1884

Caixa 52 - Processo n° 1088 - 1884
Caixa 52 - Processo n° 1093 - 1884
Caixa 54 - Processo n° 1140 - 1885
Caixa 54 - Processo n° 1148 - 1886
Caixa 54 - Processo n° 1160 - 1885
Caixa 54 - Processo n° 1061/1184-1886
Caixa 55 - Processo n° 1172 - 1886
Caixa 56 - Processo n° 1182 - 1886

Museu Histórico Municipal de Franca "José Chiachiri" — MHMF

Coleção de Posturas Municipais de Franca 1830-1888
Caixa 16 – Volumes 83, 84, 86 e 90.

Correspondências Diversas – Ofícios – Circulares
Caixa 89 – Volume 563 – 1829-1832

Departamento de Arquivo do Estado de São Paulo — DAESP

Ofícios Diversos – Franca – 1822-1831 – Lata C01017
Ofícios Diversos – Franca – 1832-1836 – Lata C01018
Ofícios Diversos – Franca – 1837-1840 – Lata C01019
Ofícios Diversos – Franca – 1841-1852 – Lara C01020
Ofícios Diversos – Franca – 1853-1860 – Lata C01021
Ofícios Diversos – Franca – 1861-1871 – Lata C01022
Ofícios Diversos – Franca – 1871-1879 – Lata C01023
Ofícios Diversos – Franca – 1800-1895 – Lata C01024

Disponíveis em meio digital

Página da Universidade de Chicago na *internet*
Endereço: http://wwwcrl.uchicago.edu/info/brazil/pindex.htm

160   RICARDO ALEXANDRE FERREIRA

Pesquisa realizada entre os meses de dezembro de 2001 e janeiro de 2002.

Relatório do Presidente da Província de São Paulo de 1845
Relatório do Presidente da Província de São Paulo de 1869
Relatório do Presidente da Província de São Paulo de 1872
Relatório do Presidente da Província de São Paulo de 1881
Relatório do Presidente da Província de São Paulo de 1883
Relatório do Presidente da Província de São Paulo de 1887
Relatório do Presidente da Província de São Paulo de 1888

Impressas

A Abolição no parlamento: 65 anos de lutas, 1823-1888. Brasília: Senado Federal, Subsecretaria de Arquivo, 1988. 2 v.

CASTRO, J. A. de Azevedo. *Breves anotações à Lei do Elemento Servil nº 2040 de 28 de setembro de 1871*. Rio de Janeiro: B. L. Garnier, s.d.

Código de Processo Criminal de Primeira Instancia do Império do Brasil: Lei de 3 de dezembro de 1841. 1.ed. Coment. Conselheiro Vicente Alves de Paula Pessoa, 1882.

Código Criminal do Império do Brasil. 2.ed. aument. Coment. Conselheiro Vicente Alves de Paula Pessoa. Rio de Janeiro: Livraria Popular de A. A. Da Cruz Coutinho, 1885.

Coleção das Leis do Império do Brasil (1835- 1ª Parte). Rio de Janeiro: Tipografia Nacional, 1864.

CORDEIRO, Carlos Antonio. *Novíssimo assessor forense reformado* ou Formulário de todas as ações conhecidas no foro brasileiro. T. 1 – Ações Criminais. 7.ed. Rio de Janeiro: Laemmert, 1888.

LUNÉ, Antonio José Baptista, FONSECA, Paulo Selfino (Org.) *Almanak da Província de São Paulo para o ano de 1873*. Ed. fac--similar. São Paulo: Imprensa Oficial do Estado, 1985.

MALHEIRO, Perdigão. *A escravidão no Brasil*: ensaio histórico, jurídico e social. 3.ed. Petrópolis: Vozes, 1976. 2 v.

MÜLLER, Daniel Pedro. *Ensaio dum quadro estatístico da Província de São Paulo*: ordenado pelas leis municipais de 11 de abril de 1836

SENHORES DE POUCOS ESCRAVOS **161**

e 10 de março de 1837. 3.ed. fac-similada. São Paulo: Governo do Estado, 1978.

NOGUEIRA, Octaciano. *Constituições brasileiras: 1824*. Brasília: Senado Federal, Ministério da Ciência e Tecnologia, Centro de Estudos Estratégicos, 2001, p.79-116.

PERDIGÃO, Carlos Frederico Marques. *Manual do Código Penal Brazileiro*: estudos sintéticos e práticos. Rio de janeiro: B. L. Garnier, 1882. 2 t.

PIERANGELLI, José Henrique. *Códigos penais do Brasil*: evolução histórica. São Paulo: Jalovi, 1980.

SÃO VICENTE, José Antônio Pimenta Bueno, marquês de. *Direito Público brasileiro e a análise da Constituição do Império*. Brasília: Senado Federal, 1978 [1857].

VIDAL, José Maria. *Repertório da legislação servil*. Rio de Janeiro: H. Laemmert, 1883.

REFERÊNCIAS BIBLIOGRÁFICAS

Obras a respeito do direito, da legislação e da criminalidade envolvendo escravos no Brasil

ALGRANTI, L. M. *O feitor ausente*: estudo sobre a escravidão urbana no Rio de Janeiro. Petrópolis: Vozes, 1988.

AZEVEDO, C. M. M. de. *Onda negra, medo branco*: o negro no imaginário das elites – século XIX. Rio de Janeiro: Paz e Terra, 1987.

BANDECCHI, P. B. Legislação sobre a escravidão africana no Brasil. *Revista de História*. São Paulo, v. XLIV, n.89, p.207-13, jan.-mar. 1972.

_____. Legislação da Província de São Paulo sobre escravos. *Revista de História*. São Paulo, v.XXV, n.99, p.235-40, 1974.

BRANDÃO, J. de F. O escravo e o direito (Breve abordagem histórico-jurídica). *Anais do VI Simpósio Nacional dos Professores Universitários de História*. São Paulo, v.I, n.XLIII, p.255-83, s.d.

BRETAS, M. O crime na historiografia brasileira: uma revisão da pesquisa recente. *Boletim Informativo e Bibliografia de Ciências Sociais*. Rio de Janeiro, n.32, p.49-61, 1991.

BRESCIANI, M. S. Condições de vida do escravo na Província de São Paulo no século XIX. *Revista do Arquivo Municipal*. São Paulo, n.192, ano 42, p.1-95, jan.-dez. 1979.

164 RICARDO ALEXANDRE FERREIRA

CARDOSO, Maria Tereza Pereira. *Lei branca e justiça negra*: crimes de escravos na comarca do Rio das Mortes (Vilas Del- Rei, 1814-1852). Campinas, 2002. Tese (Doutorado em História) – Instituto de Filosofia e Ciências Humanas, Universidade Estadual de Campinas.

CERQUEIRA LEITE, B. W. de. A reforma judiciária de 1871 e sua discussão no Senado do Império. *História*, São Paulo, v.1, p.61-75, 1982.

CHAIA, J., LISANT, L. O escravo na legislação brasileira (1808-1889). *Revista de História*. São Paulo, v. XXV, n.99, p.241-7, 1974.

CHALLOUB, S. *Visões da liberdade*: uma história das últimas décadas da escravidão na Corte. São Paulo: Companhia das Letras, 1990.

FAUSTO, B. *Crime e cotidiano*: a criminalidade em São Paulo 1880-1924. São Paulo: Brasiliense, 1984.

FENELON, D. R. Levantamento e sistematização da legislação relativa aos escravos do Brasil. *Anais do VI Simpósio Nacional dos Professores Universitários de História*. São Paulo, p.199-307, 1975.

GOULART, J. A. *Da palmatória ao patíbulo*. Rio de Janeiro: Conquista, INL, 1971.

_____. *Da fuga ao suicídio*: aspectos da rebeldia do escravo no Brasil. Rio de Janeiro: Conquista, 1982.

GRAF, M. E. de C. *Imprensa periódica e escravidão no Paraná*. São Paulo, 1979. 401 f. Tese (Doutorado em História) – Faculdade de Filosofia, Letras e Ciências Humanas, Universidade de São Paulo, São Paulo.

GRINBERG, K. *Liberata*: a lei da ambiguidade: as ações de liberdade da Corte de Apelação do Rio de Janeiro no século XIX. Rio de Janeiro: Relume-Dumará, 1994.

GUIMARÃES, E. S. *Violência entre parceiros de cativeiro*: Juiz de Fora, segunda metade do século XIX. Niterói, 2001. Dissertação (Mestrado em História) – Instituto de Ciências Humanas e Filosofia, Universidade Federal Fluminense.

HOLLOWAY, T. H. *Polícia no Rio de Janeiro*: repressão e resistência numa cidade do século XIX. Rio de Janeiro: Ed. Fund. Getúlio Vargas, 1997.

LAMOUNIER, M. L. *Da escravidão ao trabalho livre*: a lei de locação de serviços de 1879. Campinas: Papirus, 1988.

SENHORES DE POUCOS ESCRAVOS **165**

LARA, S. H. *Campos da violência*: escravos e senhores na Capitania do Rio de Janeiro 1750-1808. Rio de Janeiro: Paz e Terra, 1988.

LIMA, L. L. da G. *Rebeldia negra e abolicionismo*. Rio de Janeiro: Achimaé, 1981.

MACHADO, M. H. P. T. *Crime e escravidão*: trabalho, luta e resistência nas lavouras paulistas 1830-1888. São Paulo: Brasiliense, 1987.

_____. *O plano e o pânico*: os movimentos sociais na década da abolição. Rio de Janeiro: Ed. UFRJ, Edusp, 1994.

MALERBA, J. *Os brancos da lei*: liberalismo, escravidão e mentalidade patriarcal no Império do Brasil. Maringá: Eduem, 1994.

MENDONÇA, J. M. N. *Entre a mão e os anéis*: a lei dos sexagenários e os caminhos da abolição no Brasil. Campinas: Ed. Unicamp, Centro de Pesquisa em História Social da Cultura, 1999.

MOURA, C. *Rebeliões da senzala*. São Paulo: Zumbi, 1959.

NEQUETE, L. *O Poder Judiciário no Brasil a partir da Independência*. Porto Alegre: Sulina, 1973. v.1. Império.

PENA, E. S. *Pajens da Casa Imperial*: jurisconsultos, escravidão e a lei de 1871. Campinas: Ed. Unicamp, Centro de Pesquisa em História Social da Cultura, 2001.

PINHEIRO, P. S. *Crime, violência e poder*. São Paulo: Brasiliense, 1983.

Protesto escravo I. *Estudos Econômicos*. São Paulo, 17, n. esp., 1987.

Protesto escravo II. *Estudos Econômicos*. São Paulo, 18, n. esp., 1988.

QUEIROZ, S. R. R. de. *Escravidão negra em São Paulo*: um estudo das tensões provocadas pelo escravismo no século XIX. Rio de Janeiro: José Olympio, 1977.

REIS, J. J. *Rebelião escrava no Brasil*: a história do levante dos malês em 1835. Ed. rev. e ampl. São Paulo: Brasiliense, 1986; São Paulo: Companhia das Letras, 2003.

_____. SILVA, E. *Negociação e conflito*: a resistência negra no Brasil escravista. São Paulo: Companhia das Letras, 1989.

_____. GOMES, F. dos S. (Org.). *Liberdade por um fio*: história dos quilombos no Brasil. São Paulo: Companhia das Letras, 1996.

RIBEIRO, João Luiz de Araujo. *A lei de 10 de junho de 1835*: os escravos e a pena de morte no Império do Brasil 1822-1889. Rio de Janeiro, 2000. Dissertação (Mestrado em História) – Instituto de Filosofia e Ciências Sociais, Universidade Federal do Rio de Janeiro.

166 RICARDO ALEXANDRE FERREIRA

SANTOS, L. de L. dos. *Crime e liberdade*: o mundo que os escravos viviam. Araraquara, 2000. Dissertação (Mestrado em Sociologia) – Faculdade de Ciências e Letras de Araraquara, Universidade Estadual Paulista.

SCHWARTZ, S. B. *Burocracia e sociedade no Brasil colonial*. A Suprema Corte da Bahia e seus juízes. São Paulo: Perspectiva, 1979.

SILVA, C. M. *Escravidão e violência em Botucatu 1850-1888*. Assis, 1996. Dissertação (Mestrado em História) – Faculdade de Ciências e Letras, Universidade Estadual Paulista.

SOARES, C. E. L. *A capoeira escrava e outras tradições rebeldes no Rio de Janeiro (1808-1850)*. Campinas: Ed. Unicamp, Centro de Pesquisa em História Social da Cultura, 2001.

SOUZA, C. de. *Formas de ações e resistência dos escravos na região de Itu*: século XIX. Franca, 1998. Dissertação (Mestrado em História) – Faculdade de Ciências Humanas e Sociais, Universidade Estadual Paulista.

WISSENBACH, M. C. C. *Sonhos africanos, vivências ladinas*: escravos e forros em São Paulo (1850-1880). São Paulo: Hucitec, 1998.

ZENHA, C. *As práticas da justiça no cotidiano da pobreza*: um estudo sobre o amor, o trabalho e a riqueza através dos processos penais. Niterói, 1984. Dissertação (Mestrado em História) – Instituto de Ciências Humanas a Filosofia, Universidade Federal Fluminense.

Obras a respeito da escravidão africana e das relações raciais no Brasil e em outras partes das Américas

BLACKBURN, R. *A queda do escravismo colonial*: 1776-1848. Rio de Janeiro: Record, 2002.

BOTELHO, T. R. *Famílias e escravarias*: demografia e família escrava no norte de Minas no século XIX. São Paulo, 1994. Dissertação (Mestrado em História) – Faculdade de Filosofia, Letras e Ciências Humanas, Universidade de São Paulo.

CARDOSO, C. F. *Agricultura, escravidão e capitalismo*. Petrópolis: Vozes, 1979.

CARDOSO, C. F. *Escravo ou camponês?* São Paulo: Brasiliense, 1987.

_____. (Org.). *Escravidão e abolição no Brasil*: novas perspectivas. Rio de Janeiro: Jorge Zahar, 1988.

CARDOSO, F. H. *Capitalismo e escravidão no Brasil meridional*: o negro na sociedade escravocrata do Rio Grande do Sul. Rio de Janeiro: Paz e Terra, 1977.

CARVALHO, J. M. de. Escravidão e razão nacional. *Dados – Revista de Ciências Sociais*, 31(3), p. 287-308, 1988.

COSTA, E. V. da. *Da senzala à colônia*. 3. ed., São Paulo: Ed. Unesp, 1998a.

_____. *Coroas de glória, lágrimas de sangue*: a rebelião dos escravos de Demerara em 1823. São Paulo: Companhia das Letras, 1998b.

CUNHA, M. C. da. *Negros estrangeiros*: os escravos libertos e sua volta à África. São Paulo: Brasiliense, 1985.

DAVIS, D. B. *O problema da escravidão na cultura ocidental*. Rio de Janeiro: Civilização Brasileira, 2001.

DIAS, M. O. L. da S. *Quotidiano e poder em São Paulo no século XIX*. São Paulo: Brasiliense, 1984.

EISENBERG, P. L. *Homens esquecidos*: escravos e trabalhadores livres no Brasil – séc. XVIII e XIX. Campinas: Ed. Unicamp, 1989.

FALCI, Miridan Britto Knox. A escravidão nas áreas pecuaristas do Brasil. In: SILVA, Maria Beatriz Nizza da (Org.). *Brasil: colonização e escravidão*. Rio de Janeiro: Nova Fronteira, 2000, p. 255-71.

FARIA, S. S. de C. *A colônia em movimento*: fortuna e família no cotidiano colonial. Rio de Janeiro: Nova Fronteira, 1998.

FINLEY, M. *Escravidão antiga e ideologia moderna*. Rio de Janeiro: Graal, 1991.

FLORENTINO, M. *Em costas negras*: uma história do tráfico de escravos entre a África e o Rio de Janeiro (séculos XVIII e XIX). São Paulo: Companhia das Letras, 1997.

_____. GOÉS, J. R. *A paz das senzalas*: famílias escravas e tráfico atlântico, Rio de Janeiro, c.1790 - c.1850. Rio de Janeiro: Civilização Brasileira, 1997.

FREYRE, G. *Casa-grande e senzala*: formação da família brasileira sob o regime de economia patriarcal. 45. ed., Rio de Janeiro: Record, 2001.

_____. *Sobrados e mucambos*. 13. ed. Rio de Janeiro: Record, 2002.

168 RICARDO ALEXANDRE FERREIRA

GEBARA, Ademir. Escravidão: fugas e controle social. *Estudos Econômicos*. São Paulo, v.18, núm. esp. , 1988.

GENOVESE, E. D. *O mundo dos senhores de escravos*: dois ensaios de interpretação. São Paulo: Paz e Terra, 1979.

_____. *Da rebelião à revolução*: as revoltas de escravos nas Américas. São Paulo: Global, 1983.

_____. *A terra prometida*: o mundo que os escravos criaram. Rio de Janeiro: Paz e Terra, 1988.

GÓES, J. R. P. *O cativeiro imperfeito*: um estudo sobre a escravidão no Rio de Janeiro da primeira metade do século XIX. Vitória: Lineart, 1993.

_____. *Escravos da paciência*: Estudo sobre a obediência escrava no Rio de Janeiro (1790-1850). Niterói, 1998. Tese (Doutorado em História) – Instituto de ciências Humanas e Filosofia, Universidade Federal Fluminense.

GORENDER, J. *O escravismo colonial*. São Paulo: Ática, 1978.

_____. *A escravidão reabilitada*. São Paulo: Ática, 1990.

GUTIÉRREZ, H. Demografia escrava numa economia não exportadora: Paraná, 1800-1830. *Estudos Econômicos*. v.17, n.2, p.287-314, maio-ago. 1987.

_____. Crioulos e africanos no Paraná: 1798-1830. *Revista Brasileira de História*. São Paulo, v.8, n.16, p.161-88, mar.-ago. 1988.

IANNI, O. *As metamorfoses do escravo*: apogeu e crise da escravatura no Brasil meridional. São Paulo: Difusão Europeia do livro, 1962; São Paulo: Hucitec; Curitiba: Scientia et Labor, 1988.

_____. *Escravidão e racismo*. São Paulo: Hucitec, 1978.

JAMES, C. L. R. *Os jacobinos negros:* Toussaint L'Ouverture e a revolução de São Domingos. São Paulo: Boitempo, 2000.

KARASCH, M. C. *A vida dos escravos no Rio de Janeiro (1805-1850)*. São Paulo: Companhia das Letras, 2000.

LARA, S. H. Blowin'in the Wind: E. P. Thompson e a experiência negra no Brasil. *Projeto História*, São Paulo, 12, out. 1995.

LEWKOWICZ, I. Herança e relações familiares: os pretos forros nas Minas Gerais do século XVIII. *Revista Brasileira de História*. São Paulo, 9 (17), p.101-14, set.1998-fev. 1989.

SENHORES DE POUCOS ESCRAVOS **169**

LIBBY, D. C. *Transformação e trabalho em uma economia escravista.* Minas Gerais no século XIX. São Paulo: Brasiliense, 1988.

LUNA, F. V. *Minas Gerais: escravos e senhores.* Análise da estrutura populacional de alguns centros migratórios (1718-1804). São Paulo: Instituto de Pesquisas Econômicas, 1981.

MACHADO, M. H. P. T. Em torno da autonomia escrava: uma nova direção para a história social da escravidão. *Revista Brasileira de História.* São Paulo, v.8, n.16, p.143-60, mar.-ago. 1988.

MAESTRI, M. *O escravo gaúcho:* resistência e trabalho. Porto Alegre: Ed. Universidade, UFRGS, 1993.

MARQUESE, R. de B. *Administração e escravidão:* ideias sobre a gestão da agricultura escravista brasileira. São Paulo: Hucitec, Fapesp, 1999.

MATTOS, H. M. *Ao sul da história:* lavradores pobres na crise do trabalho escravo. São Paulo: Brasiliense, 1987.

_____. *Das cores do silêncio:* os significados da liberdade no sudeste escravista – Brasil século XIX. Rio de Janeiro: Nova Fronteira, 1998.

MATTOSO, K. M. de Q. No Brasil escravista: relações sociais entre libertos e homens livres e entre libertos e escravos. *Revista Brasileira de História.* São Paulo, 1, 2, p. 219-33, set. 1981.

_____. *Ser escravo no Brasil.* São Paulo: Brasiliense, 1982.

MOTTA, J. F. *Corpos escravos, vontades livres:* posse de cativos e família escrava em Bananal (1801-1829). São Paulo: Fapesp, Annablume, 1999.

NOVAIS, F. A., ALENCASTRO, L. F. de (Org.). *História da vida privada no Brasil:* Império: a corte e a modernidade nacional. São Paulo: Companhia das Letras, 1997.

OLIVEIRA, M. I. C. de. *O liberto:* o seu mundo e os outros. São Paulo: Corrupio, 1988.

PAIVA, E. F. *Escravos e libertos nas Minas Gerais do século XVIII:* estratégias de resistência através dos testamentos. São Paulo: Annablume, 1995.

_____. *Escravidão e universo cultural na colônia:* Minas Gerais, 1716-1789. Belo Horizonte: Ed. UFMG, 2001.

QUEIROZ, S. R. R. de. Aspectos ideológicos da escravidão. *Estudos Econômicos.* São Paulo, v.13, n.1, 1983.

170 RICARDO ALEXANDRE FERREIRA

QUEIROZ, S. R. R. de. Rebeldia escrava e historiografia. *Consciência*. Palmas, p.49-80, jan.-jun. 1988.

_____. Escravidão negra em debate. In: FREITAS, M. C. (Org.). *Historiografia brasileira em perspectiva*. São Paulo: Contexto, 1998, p.103-17.

RAMOS, A. Castigos de escravos. *Revista do Arquivo Municipal*. São Paulo, v.XLVII, maio 1938.

REIS, J. J. "Nos achamos em campo a tratar da liberdade": a resistência negra no Brasil oitocentista. In: MOTA, C. G. (Org.). *Viagem incompleta*: a experiência brasileira (1500-2000). São Paulo: Ed. Senac, 2000.

SCARANO, J. *Cotidiano e solidariedade*: vida diária da gente de cor nas Minas Gerais no século XVIII. São Paulo: Brasiliense, 1994.

SCHWARCZ, L. M. *Retrato em branco e negro*: jornais, escravos e cidadãos em São Paulo no final do século XIX. São Paulo: Companhia das Letras, 1987.

_____. *O espetáculo das raças*: cientistas, instituições e questão racial no Brasil, 1870-1930. São Paulo: Companhia das Letras, 1993.

SCHWARTZ, S. B. Padrões de propriedade de escravos nas Américas: nova evidência para o Brasil. *Estudos Econômicos*. v.13, n.1, p.259-87, jan.-abr. 1983.

_____. *Segredos internos*: engenhos e escravos na sociedade colonial 1550-1835. São Paulo: Companhia das Letras, 1988.

_____. *Escravos, roceiros e rebeldes*. Bauru: EDUSC, 2001.

SILVA, M. B. N. da (Org.). *Brasil: colonização e escravidão*. Rio de Janeiro: Nova Fronteira, 2000.

SLENES, R. W. Os múltiplos de porcos e diamantes: a economia escravista de Minas Gerais no século XIX. *Cadernos do IFCH*, n.17, 1985.

_____. *Na senzala, uma flor*: esperanças e recordações na formação da família escrava, Brasil Sudeste, século XIX. Rio de Janeiro: Nova Fronteira, 1999.

SILVA, Ana Rosa Cloclet da. *Construção da nação e escravidão no pensamento de José Bonifácio*: 1783-1823. Campinas: Ed. Unicamp, Centro de Memória – Unicamp, 1999.

SENHORES DE POUCOS ESCRAVOS **171**

SOARES, Luiz Carlos. Os escravos de ganho no Rio de Janeiro do século XIX. *Revista Brasileira de História*. São Paulo, v.8, n.16, p.107-42, mar.-ago. 1988

SOUZA, L. de M. e. *Desclassificados do ouro*: a pobreza mineira no século XVIII. Rio de Janeiro: Graal, 1982.

VAINFAS, R. *Ideologia e escravidão*: os letrados e a sociedade escravista no Brasil Colonial. Petrópolis: Vozes, 1986.

Demais obras a respeito do Brasil nos períodos colonial e imperial

BOTELHO. T. R. *População e nação no Brasil do século XIX*. São Paulo, 1998. 248 f. Tese (Doutorado em História) – Faculdade de Filosofia, Letras e Ciências Humanas, Universidade de São Paulo.

CAMPOS, A. L. de A. Coabitação e tálamo em São Paulo colonial. *Estudos de História*. Franca, v.1, p.1-42, 1994.

CARVALHO, J. M. de. *Construção da ordem*: a elite política imperial; *Teatro de sombras*: a política imperial.{{??}} 2.ed. Rio de Janeiro: Ed. UFRJ, Relume-Dumará, 1996.

CASTRO, J. B. de. *A milícia cidadã*: a Guarda Nacional de 1831 a 1850. São Paulo: Ed. Nacional; Brasília: INL, 1977.

CHALLOUB, S. *Trabalho, lar e botequim*: o cotidiano dos trabalhadores no Rio de Janeiro da Belle Époque. São Paulo: Brasiliense, 1986.

DEAN, W. A pequena propriedade dentro do complexo cafeeiro: sitiantes no Município de Rio Claro, 1870-1920. *Revista de História*, São Paulo, FFLCH/USP, n. 106, p.487-94, 1976.

_____. *Rio Claro*: um sistema brasileiro de grande lavoura, 1820-1920. Rio de Janeiro: Paz e Terra, 1977.

FLORY, T. *El juez de paz y el jurado en el Brasil imperial, 1808-1871*: control social y estabilidad política en el nuevo Estado. Mexico: Fondo de Cultura Económica, 1986.

FRAGOSO, J. L. R. *Homens de grossa aventura*: acumulação e hierarquia na praça mercantil do Rio de Janeiro (1790-1830). 2. ed. Rio de Janeiro: Civilização Brasileira, 1998.

FRANCO, M. S. de C. *Homens livres na ordem escravocrata*. 4. ed. São Paulo: Ática, 1974; São Paulo: Ed. Unesp, 1997.

172 RICARDO ALEXANDRE FERREIRA

GRAHAM, R. *Clientelismo e política no Brasil do século XIX*. Rio de Janeiro: Ed. UFRJ, 1997.

LENHARO, A. *As tropas da moderação*: o abastecimento da corte na formação política do Brasil, 1808-1842. São Paulo: Símbolo, 1976.

MATTOS, I. R. de. *O tempo Saquarema*: a formação do Estado imperial. 4. ed. Rio de Janeiro: ACCESS, 1994.

MELLO, Z. M. C. de. *Metamorfoses da riqueza – São Paulo, 1845-1895*: contribuição ao estudo da passagem da economia mercantil--escravista à economia exportadora capitalista. São Paulo: Hucitec, 1985.

PETRONI, T. S. As áreas de criação de gado. In: HOLANDA, S. B. de (Org). *História geral da civilização brasileira*. São Paulo: Difusão Europeia do Livro, t.I, v.2, cap.IV, 1960.

PRADO Jr., C. *Formação do Brasil contemporâneo*: colônia. São Paulo: Brasiliense, Publifolha, 2000.

VIANNA, O. *Populações meridionais do Brasil*: história, organização, psicologia. Belo Horizonte: Itatiaia, 1987; Niterói: Ed. Universidade Federal Fluminense. 2 v.

Obras a respeito do município de Franca e região

AISSAR, A. da G. *Natalidade e mortalidade em Franca*: estudo de demografia histórica (1800-1850). São Paulo, 1981. Tese (Doutorado em História) – Faculdade de Filosofia, Letras e Ciências Humanas, Universidade de São Paulo.

BACELLAR, C. de A. P., BRIOSCHI, L. R. (Org.). *Na estrada do Anhanguera*: uma visão regional da história paulista. São Paulo: Humanitas, FFLCH/USP, 1999.

BATISTA, D. J. *Cativos e libertos*: A escravidão em Franca entre 1825-1888. Franca, 1998. 212 f. Dissertação (Mestrado em História) – Faculdade de Ciências Humanas e Sociais, Universidade Estadual Paulista.

BENTIVOGLIO, J. C. *Igreja e urbanização em Franca*: século XIX. Franca: Unesp-FHDSS, Amazonas Prod. Calçados, 1997.

BRIOSCHI, L. R. *Entrantes no sertão do Rio Pardo*: o povoamento da Freguesia de Batatais – século XVIII e XIX. São Paulo: CERU, 1991.

SENHORES DE POUCOS ESCRAVOS **173**

CALEIRO, R. C. L. *História e crime*: quando a mulher é a ré – Franca 1890-1940. Montes Claros: Ed. Unimontes, 2002.

CAMPOS, A. L. de A. Mulheres criminosas (Franca, século XIX). *Estudos de História*. Franca, v.6, n.2, p.53-81, 1999.

CHIACHIRI, J. *Vila Franca do Imperador*: subsídios para a história de uma cidade. Franca: Ed. O Aviso da Franca, 1967.

CHIACHIRI FILHO, J. *Do Sertão do Rio Pardo à Vila Franca do Imperador*. Ribeirão Preto: Ribeira, 1986.

CONSTANTINO, A. Crônicas Francanas: 17 de julho de 1852, data histórica. *Comércio da Franca*, Franca, 19 jul. 1931.

GOMES, Janaína Maria Vergara. *Polêmicas do abolicionismo*: Franca 1850-1888. Franca, 2001. Trabalho de Conclusão de Curso (Graduação em História) – Faculdade de Ciências Humanas e Sociais, Universidade Estadual Paulista.

MARTINS, A. M. V. *Um império a constituir, uma ordem a consolidar*: elites políticas e Estado no sertão, Franca-SP, 1824-1852. Franca, 2001. Dissertação (Mestrado em História) – Faculdade de Ciências Humanas e Sociais, Universidade Estadual Paulista.

NALDI, M. R. G. *Coronelismo e poder local*: Franca 1850-1889. Franca: Unesp, 1992.

OLIVEIRA, L. L. *Economia e história em Franca*: século XIX. Franca: Unesp-FHDSS, Amazonas Prod. Calçados, 1997.

SANTOS, W. dos. Quadro demonstrativo do desmembramento do município. *Diário da Franca*. Franca, supl. esp. Aniversário da Cidade, 28 nov. 1991.

TOSI, Pedro Geraldo. *Capitais no interior*: Franca e a história da indústria coureiro-calçadista (1860-1945). Campinas, 1998. Tese (Doutorado em Economia) – Instituto de Economia, Universidade Estadual de Campinas.

Outras obras consideradas na redação do livro

DIAS, M. O. L. da S. Hermenêutica do quotidiano na historiografia contemporânea. *Projeto História*. São Paulo, 17, p.223-58, nov. 1998.

PERROT, M. *Os excluídos da história*: operários, mulheres e prisioneiros. Rio de Janeiro: Paz e Terra, 1988.

174 RICARDO ALEXANDRE FERREIRA

THOMPSON, E. P. *Tradición, revuelta y consciencia de clase*: estudios sobre la crisis de la sociedad preindustrial. Barcelona: Crítica, 1979.

_____. *A formação da classe operária inglesa*. Rio de Janeiro: Paz e Terra, 1987a. 3 v.

_____. *Senhores e caçadores*: a origem da Lei Negra. Rio de Janeiro: Paz e Terra, 1987b.

_____. *Costumes em comum*. São Paulo: Companhia das Letras, 1998.

_____. *As peculiaridades dos ingleses e outros artigos*. Campinas: Ed. Unicamp, 2001.

SOBRE O LIVRO

Formato: 14 x 21 cm
Mancha: 23,7 x 42,5 paicas
Tipologia: Horley Old Style 10,5/14
Papel: Off-set 75g/m² (miolo)
Cartão Supremo 250 g/m² (capa)
1ª edição: 2005
1ª reimpressão: 2012

EQUIPE DE REALIZAÇÃO

Coordenação-Geral
Sidnei Simonelli

Produção Gráfica
Anderson Nobara

Edição de Texto
Maurício Balthazar Leal e
Luciene A. Barbosa de Lima (Preparação de Original)
Alexandra Costa (Revisão)
Cristina Ayumi (Atualização Ortográfica)

Editoração Eletrônica
Casa de Ideias (Diagramação)

Impressão e acabamento